篮球运动技能训练的系统分析与创新研究

唐海军 / 著

吉林出版集团股份有限公司
全国百佳图书出版单位

图书在版编目（CIP）数据

篮球运动技能训练的系统分析与创新研究 / 唐海军
著 . -- 长春 : 吉林出版集团股份有限公司 , 2023.6
　ISBN 978-7-5731-3429-5

　Ⅰ . ①篮… Ⅱ . ①唐… Ⅲ . ①篮球运动—运动训练—
研究 Ⅳ . ① G841.2

中国国家版本馆 CIP 数据核字（2023）第 093468 号

篮球运动技能训练的系统分析与创新研究
LANQIU YUNDONG JINENG XUNLIAN DE XITONG FENXI YU CHUANGXIN YANJIU

著　　者：唐海军
责任编辑：矫黎晗
装帧设计：马静静
出　　版：吉林出版集团股份有限公司
发　　行：吉林出版集团青少年书刊发行有限公司
地　　址：吉林省长春市福祉大路 5788 号
邮政编码：130118
电　　话：0431-81629808
印　　刷：北京亚吉飞数码科技有限公司
版　　次：2024 年 3 月第 1 版
印　　次：2024 年 3 月第 1 次印刷
开　　本：710mm×1000mm　1/16
印　　张：14.25
字　　数：226 千字
书　　号：ISBN 978-7-5731-3429-5
定　　价：86.00 元

如发现印装质量问题，影响阅读，请与印刷厂联系调换。电话：010-82540188

前　言

　　当前,篮球运动训练已进入科学化阶段,现代科技发展对篮球运动训练产生了深刻影响,也对篮球运动训练提出了越来越高的要求。现代篮球运动训练要求发掘运动员的最大潜力,逐渐延长训练过程、扩大训练范围,篮球训练已形成一个完整的系统。因此,在由各项篮球运动技能构成的层层衔接的篮球训练网中,必须运用系统论的观点分析解决才能取得更好的训练效果。系统论要求科学、合理、高效能地安排篮球运动技能训练,将体能、技术、战术、心理、智能等复杂的内容统一纳入训练系统中,从全局出发有计划地进行整体训练设计,最终实现最佳训练目标。此外,创新是竞技体育的灵魂,没有创新,就不可能取得运动成绩的突破。篮球运动作为竞技体育的重要组成部分之一,它的发展同样离不开创新,所以必须树立创新训练理念,在加强篮球运动技能系统训练的同时,探索各项技能训练的创新路径,通过系统训练与科学创新促进篮球运动训练水平的提升。基于上述分析,作者在查阅大量相关著作文献的基础上,精心撰写了本书。

　　本书共八章。第一章阐述篮球运动技能系统训练与创新的理论基础,包括系统科学理论和运动训练创新理论,这两大理论为研究篮球运动技能训练与创新提供了重要的理论依据。第二章阐述篮球运动技能训练的基本原理与科学指导,主要在理论层面为开展篮球运动技能训练工作提供科学指导。第三章至第六章分别对篮球体能、技术、战术、心理以及智能训练与创新展开研究。在篮球运动技能系统中,体能是基础技能,是其他技能发展的前提与基础;篮球技术能力和战术能力是核心技能,对篮球运动员竞技能力的发展具有决定性影响。篮球体能、技战术能力也是篮球运动的显性技能,与之对应的隐性技能主要是篮球运动心理和运动智能,因此心理与智能训练同样也是篮球运动技能训练系统中不可缺少的重要组成部分。全面研究篮球运动员各项运动技能的训练与创新,对促进篮球运动员竞技能力的整体提升具有重要意义。第七章和第八章分别研究篮球教练员的专业技能培养和篮球运动技能训练管理。篮球教练员和篮球训练管理是影响篮球运动技能训练效果的两大因素,因此必须重视对篮球教练员专业能力的培养,加强篮球运动训练管理研究。

本书具有以下几个特征。

第一,系统性。本书对篮球运动技能训练与创新进行了系统研究,首先分析篮球运动技能训练的科学理论和基本原理;其次分别对篮球体能训练、技术训练、战术训练、心理和智能训练以及各项技能训练的创新方法展开研究;最后探索了篮球教练员培养路径和篮球运动技能训练管理方法。总体来说,本书结构完整,内容丰富,层次清晰,具有一定的系统性。

第二,实用性。本书从实用性出发,深入探索篮球运动员各专项技能的科学训练方法和创新策略,能够为篮球教练员开展训练工作和促进篮球运动员的自我提高、创新发展提供重要指导,具有重要的现实意义。

第三,创新性。运动训练创新是本书的一个重要理论依据,本书在运动训练创新理论下探讨篮球运动技能训练的创新之路和篮球教练员创新能力的培养方法,从而引领我国篮球运动的创新发展和篮球教练员、运动员专业能力的持续发展,体现了本书的创新性和学术价值。

总之,本书基于系统理论和运动训练创新理论对篮球运动技能训练与创新展开了全面研究,在科学理论的指导下,提出了篮球体能训练、技战术训练、心理与智能训练的科学方法与创新路径,同时还研究了篮球教练员专业技能的培养。希望本书能够为篮球教练员执教和篮球运动员系统训练提供科学指导,为推动我国篮球运动持续创新发展做出贡献。

在本书的撰写过程中,作者不仅参阅、引用了很多国内外相关文献资料,而且得到了同事亲朋的鼎力相助,在此衷心表示感谢。由于作者水平有限,书中疏漏之处在所难免,恳请同行专家以及广大读者批评指正。

作 者
2022 年 8 月

目　录

第一章

篮球运动技能系统训练与创新的理论基础

系统科学理论与运动创新理论为篮球运动技能系统训练和篮球运动训练创新提供了科学的理论依据。在系统论指导下开展系统性、全面性和专业性的篮球运动技能训练，同时在运动训练创新理论指导下，加强篮球训练理念与方法的创新，对提高我国篮球训练水平、篮球运动员综合素养以及篮球比赛成绩具有重要意义。本章主要对系统科学理论、运动创新理论以及这两大理论对我国篮球运动技能训练的启示展开分析与研究。

第一节　系统科学理论与篮球运动技能训练

一、系统科学理论

（一）系统

1.系统的概念

关于系统的概念,不同专家与学者进行了不同的界定,比较典型的界定方式有以下两种。

第一,我国系统专家钱学森指出:"系统是由相互作用和相互依赖的若干组成部分结合成的具有特定功能的有机整体。"[①]

第二,宋健在《中国大百科全书》对系统的界定是:"按一定秩序或因果关系相互联系、相互作用和相互制约着的一组事物所构成的体系,称为系统。"[②]

从上述系统概念的界定发现,系统是一个整体,它由诸多元素按一定逻辑关系和方式结合起来,随着各项元素的不断变化与调整,系统整体也不断演化发展。不同的系统有自身独特的属性、目标、价值及功能,这主要体现在其与其他系统和周围环境的互动中。

2.系统的特征

概括而言,系统具有以下几项基本特征。

（1）整体性

系统最基本的、最主要的特征当属整体性。系统是由诸多元素结合而成的一个整体,而不是单个元素简单相加的结果。系统的整体功能比

[①]　姜元魁.论系统论视角下的篮球运动基本规律[D].济南:山东师范大学,2003.

[②]　游贵兵.基于系统论视野下的现代排球运动战术理论研究[D].济南:山东大学,2012.

单个元素的功能更强大,任何单一元素都不具备系统的整体功能。

（2）多元性

多元性是指系统的元素数量多、有不同的性质。系统是由单个元素或部件组成的,组成系统的元素在数量上最少两个,上不封顶,如果只有一个元素,就不能称之为系统。此外,组成系统的元素必须具有不同的性质,如果所有元素都是同一性质的事物,那么即使元素再多,也不能构成系统。

（3）有序性

有序性是指系统结构有序。系统结构的有序性是在系统全局范围内而言的,在系统范围内系统各元素在结构上有序排列或组合,它反映的是系统各元素或各部件之间的关系。组成系统的所有元素或部件是一个个独立的个体,本来是分散的,而组成系统之后,不同元素之间建立了联系,并相互影响。系统结构的有序性在一定时期内是相对稳定的。

（4）时空与功能的有限性

在系统的构成元素中,有些特殊元素处在边界上,它们对系统的存在、演变及运作有着重要的影响。每个系统都有自己的特征尺度和特征时间,特征尺度与系统存在的特殊空间范围有一定的关联。

3. 系统的组成

系统是由不同层次、不同性质的元素组成的一个整体结构,系统组成元素是研究系统结构与系统整体性的主要着眼点。系统的组成元素有哪些,哪些是基本元素,哪些是主要元素,哪些是次要元素,这些都是在系统结构研究中要弄清的问题。

从系统这个整体来看,系统决定了其各组成元素的属性及功能。任何一个元素的变动又会使整个系统的运作发生变化,元素对系统的影响可以用"牵一发而动全身"来说明。元素的基本属性决定了其在系统中发挥的作用,不同性质的元素在系统中各自发挥着不同的作用,系统中任何一个元素的作用都是必不可少、不可替代的。倘若某个元素的作用对系统整体没有影响,可以被替代,那么该元素就没有存在的意义了,应该从系统中清除这类没有价值的元素。

系统的组成元素多种多样,有些元素在很大程度上影响着系统整体的性质与功能,其至起决定性影响,我们将这些主导性的关键元素称为系统的"要素"。什么样的元素可以称为系统的要素,要根据元素所能发挥的作用及其对系统整体的影响程度来判断。不同元素对系统的重要性都是相对而言的,元素和要素能够相互转化,对系统有重要意义的元素可以转化为要素,而当系统的结构、性质或其与周围环境的关系发生变化后,原来的要素也可能重新成为普通的元素,而原来的普通元素转化为要素。

4. 系统的功能

系统所具有的和能够发挥的积极作用就是所谓的系统功能。系统功能大小、功能的发挥程度直接由系统的元素尤其是要素决定。

系统的功能大小与系统自身的规模密切关联,当系统结构处于优化状态时,系统的功能与其本身的规模呈正相关,即系统功能随系统规模的扩大而扩大。

当系统规模不变时,系统功能的大小又与系统自身结构的优化程度直接相关,即系统结构越合理,系统功能越大。

在实际运用中,为了有效发挥系统功能,还必须明确系统选择的目标性。因为系统作用和用途是相对于特定的目标来确定的,当目标改变时,系统应该随之而变,选择正确的系统模式,这样系统的最大功能才会得到最大限度的发挥。系统选择之后,关键是选择适宜的时机。

如果将系统比作一名成功的运动员,那么系统会经历一个"正态分布"的过程,系统在不同阶段所发挥和表现的功能就不同。在发挥系统功能时,只有抓住时机,才能达到事半功倍的效果。此外,系统功能的发挥除了受系统内部因素(元素和系统结构)影响之外,还受系统外部因素(外部环境)的影响。[①]

(二)系统论

系统论是马克思主义哲学在系统科学领域的具体化,在系统科学领

---

① 刘小莲,姜元魁,江明世.论系统论视角下的篮球运动基本规律[J].山东体育学院学报,2005(5):97-98+101.

域发挥着世界观和方法论的作用。系统论是人们从哲学视角理解与概括系统基本原理和方法后形成的观点体系,它既有相对独立性,又包含在系统科学体系中。

系统论揭示了世界的系统整体性,并认为系统整体性是世界统一性的表现形式之一。系统论从系统及其结构、层次与功能等方面的统一性这一角度回答了世界是什么、怎么样的问题,并进一步揭示了世界的统一性还表现为世界的演化发展等诸多现象。系统是系统科学的中心概念,是构造系统论的最基本、最重要的范畴。系统概念浓缩了系统论的精华,是系统论的精髓和内核。①

二、篮球运动系统

从系统论的角度审视篮球运动系统,可以将篮球运动系统概括为由相互联系、相互作用的篮球运动要素所组成的具有一定结构和功能的有机整体。篮球运动系统具有多元性和相关性。篮球运动系统的组成元素相互之间密切联系、相辅相成。

下面从广义和狭义两个层面认识篮球运动系统。

(一)广义的篮球运动系统

广义层面上,篮球运动系统包括篮球教学系统、篮球训练系统、篮球竞赛系统和篮球管理系统四个组成部分。

1.篮球教学系统

篮球教学系统包括各级各类学校开展的篮球教学,具体由篮球教学目标、教学内容、教学方法、教学评价、教学管理等要素组成。

2.篮球训练系统

篮球训练系统既包括国家高水平篮球队、地方篮球队以及职业篮球

---

① 卢聚贤.从系统论"整体观"视角探讨竞技体育后备人才培养新途径[J].当代体育科技,2021,11(12):201-204.

俱乐部的训练,也包括学校篮球运动训练和社会业余篮球训练。篮球训练系统具体由篮球体能训练、技战术训练、心智能训练及其他训练等要素组成。

3. 篮球竞赛系统

篮球竞赛系统既包括国际、国内的篮球比赛,也包括职业篮球比赛、学校篮球比赛和业余篮球比赛,其具体构成要素主要包括竞赛机构、参赛运动队、新闻媒体、志愿者、医疗团队等。

4. 篮球管理系统

篮球管理系统主要包括篮球管理机构、篮球各类资源管理、篮球管理制度与方法等要素。篮球运动管理贯穿于其他三个系统中,加强对篮球运动教学、训练、竞赛的统筹管理,有助于促进各类篮球文化的平衡与全面发展,推动我国篮球事业进一步发展壮大。

(二)狭义的篮球运动系统

狭义的篮球运动系统专指篮球竞赛系统,篮球竞赛是篮球运动表现形式中最具魅力和最有活力的一种形式,能够最大程度地体现出篮球运动的价值和魅力。篮球竞赛反映了篮球运动队的综合竞技能力,能够检验篮球运动员和整个球队在篮球体能、技战术及心智能等方面的训练效果。

狭义的篮球竞赛系统主要由篮球教练员、运动员和裁判员,篮球规则与裁判法,篮球技战术,篮球比赛环境以及篮球比赛结果反馈等要素组成。从篮球运动系统的基本要素出发,可以这样定义与理解篮球运动竞赛:篮球运动竞赛是在篮球裁判员、教练员、球员适应环境的前提下,由裁判员发挥主导作用,以篮球竞赛规则和裁判法为依据,对教练员和场上球员的活动进行调节、控制和管理,从而实现篮球竞赛目的的活动过程。

篮球竞赛系统的组成要素及相互关系如图 1-1 所示。

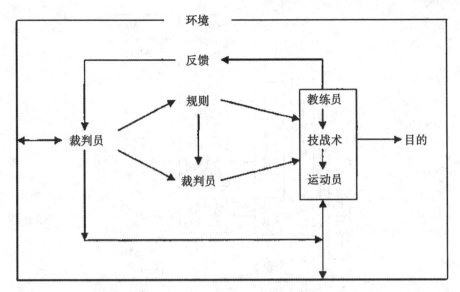

图 1-1　狭义的篮球运动系统[①]

三、篮球运动训练系统

在广义篮球运动系统中提到,篮球运动训练系统包括各种类型与规模的篮球运动训练,无论是什么类型的篮球运动训练,都是由体能训练、技术训练、战术训练、心理和智能训练组成的。下面简要分析篮球运动训练系统的这些组成要素。

（一）体能训练系统

体能包括身体形态、身体机能和身体素质,体能训练的目的是采用科学有效的练习方法与手段,充分改善运动员的身体形态,增强身体机能,提高身体素质,促进体能的综合发展。体能训练以身体素质训练为主,身体素质也是竞技运动中的运动素质,包括力量、速度、耐力、柔韧、灵敏等因素,其中各项身体素质又包含各自的子系统,如图1-2所示。

①　姜元魁.论系统论视角下的篮球运动基本规律[D].济南：山东师范大学,
2003.

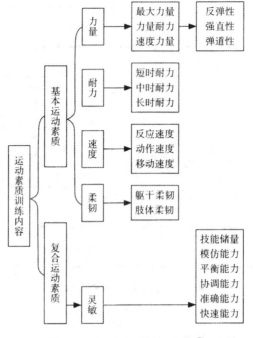

图 1-2　运动素质训练内容[①]

篮球运动员身体素质训练是一个有组织、有目的的系统过程,既包括五大身体素质的基础训练,也包括结合篮球运动特征的专项训练,如专项力量训练、专项速度训练、专项耐力训练以及专项弹跳力训练等。

(二)篮球技术训练系统

篮球运动员在比赛中为完成攻守任务而采用的所有专门动作统称为篮球技术,具体包括各种移动动作(无球动作)、控球进攻技术(传接球、运球、投篮等)和争夺球的防守技术(抢球、断球、抢篮板球等)以及各种技术动作的组合。篮球技术是篮球运动训练的核心,在训练过程中要把握与协调好各项技术的技术环节、技术细节以及技术基础,提高技术训练质量。例如,在篮球急停跳投技术训练中要把握的内容与要素如图 1-3 所示。

①　胡亦海.竞技运动训练理论与方法 [M].武汉: 湖北人民出版社,2005.

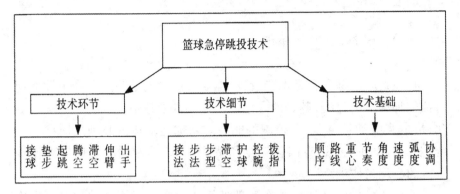

图1-3 篮球急停跳投技术

（三）篮球战术训练系统

篮球战术是篮球比赛中进攻队员之间协同行动和防守队员之间协同行动的方法，其目的是发挥本方技术与优势，限制对方进攻或防守，争取比赛主动权，尽快投篮得分，取得最终胜利。一般来说，运动战术主要包括战术基础、战术知识、战术原则、战术结构、战术意识、战术观念等要素，这些构成了运动战术训练的主要内容，如图1-4所示，在篮球战术训练中要结合这些要素进行全面训练，并根据篮球运动的特点明确主要因素和次要因素，从而进行更有针对性与侧重点的训练。

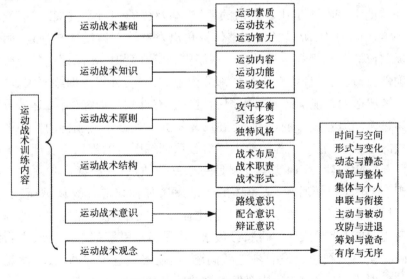

图1-4 运动战术训练内容

（四）心理和智能训练系统

心理素质训练是有意识、有目的地对运动员的心理过程和个性心理特征施加影响的过程，其目的是使运动员心理快速适应训练和比赛的变化，形成自我动员、调节和控制的能力。篮球运动员的心理素质训练系统包括球感、时空感、专门化知觉和情绪、意志等专项心理训练和比赛阶段的心理素质训练。

运动智能指的是运动员在运动训练或比赛中运用基础和专项理论知识认识训练和竞赛的一般或特殊规律并解决现实问题的能力。运动智能分为"一般智能"和"特殊智能"，一般智能是所有运动员都要具备的智能，"特殊智能"是与运动专项有关的智能。篮球运动员智能训练具有专项性，要结合篮球运动特征进行针对性训练。

四、系统科学理论对篮球运动技能训练的启示

（一）树立系统训练理念

系统论要求在篮球运动技能训练中对整个训练过程、各个训练阶段、各项训练内容以及各种训练方法进行科学、合理、高效的安排。篮球运动技能训练本身是比较复杂的系统，涉及体能、心理、技战术、智能等诸多素质的训练，所以必须从整体视角出发有计划地设计与规划，明确目标，合理布局，提高全局效果。在制订训练计划时，要保证定量分析的精确性，合理安排训练顺序与各部分内容的比例，并提出训练要求。

篮球运动技能训练是有组织、有目的、有计划的训练过程，是从数量积累过渡到质量提升的过程，是在反复不断的实践中形成自动控制训练模式的过程，在整个过程中要做好对各项训练因素的规划与管理。

篮球队的建设、训练与发展是一个复杂的过程，教练员必须树立系统观、整体观和全局观，从整体的角度思考如何培养优秀篮球运动员，如何提高篮球运动员的运动能力和比赛能力，如何持久保持球队的旺盛生命力，如何使球队获得可持续发展，并在高水平赛事中不断取得新的突破。从整体视角出发思考这些问题，加强宏观管理与调控，从微观着手各项训练与培养工作，从而促进篮球队的长远发展。

（二）确定训练系统，制订训练计划

在系统论指导下开展篮球训练工作，要从运动员的运动能力、体能素质、技战术水平以及个体差异出发，并结合篮球专项特征和预期训练年限而将训练系统确定下来，并制订科学可行的长远训练计划及各阶段训练计划，在每次训练课中合理安排训练内容、采取有效的训练方法，逐步落实各项计划，实现阶段目标。

篮球运动训练系统由诸多子系统构成，只有合理排列各个子系统，才能使整个系统的发展达到最佳效果。从运动技能训练的一般规律出发，在篮球运动技能训练中应该先安排体能训练，再进行技术和战术训练，技战术训练要结合实战进行，心理和智能训练要贯穿在其他子系统中。

（三）有效处理各系统之间的关系

篮球运动训练系统中各子系统之间以及子系统中各要素之间都是密切联系、相互作用的。因此，在篮球运动技能训练中要兼顾每个子系统，可以有所侧重，但不能忽略任何一个子系统，要促进各系统的协同运作与共同发展，从而全面提升篮球运动员的体能素质、技战术能力以及心智能水平，并强化篮球运动员的思想作风与体育精神，培养全面发展的优秀篮球运动员和打造综合实力强的篮球运动队。

（四）正确处理训练与比赛的关系

篮球比赛是彰显篮球运动员综合竞技能力的窗口，是检验篮球队训练效果的重要手段。对篮球运动员而言，进行篮球运动技能训练的最终目的就是提高比赛能力，在比赛中有好的发挥，取得优异成绩。优秀篮球运动员在比赛中的所有突出表现以及最终取得的胜利是长期坚持训练的结果，没有系统的训练，就没有比赛的胜利。

需要注意的是，篮球训练成绩和篮球比赛结果之间不能画等号，运动员在比赛中的表现和最终的比赛结果除了受自身运动技能因素影响外，还受到团队协作、对手实力、周围环境等因素的影响。因此，篮球运动员要在比赛中取得好成绩,既要加强全面系统的训练,保持最佳竞技状态,又要重视与队友的配合,并提升自己的临场应对能力以及环境适应能力,这些都应该作为日常训练的内容,才能将篮球运动员的运动技能转化为团队集体比赛的能力。

第二节 运动训练创新理论与篮球运动技能训练

一、运动训练创新理论

(一)运动训练创新的概念

运动训练是指为全面提高运动员的竞技能力,使运动员创造优异的运动成绩而有针对性地进行的体育实践活动。运动训练创新是指为提高运动员的竞技能力和竞争优势而进行的改变主体认识、变革训练管理制度以及开发新技术等一系列活动的综合过程。[①]

创新是事物持续发展的动力,运动训练的发展离不开创新,只有不断创新,才能不断实现训练成绩与比赛成绩的突破,才能使运动员获得长远的发展。

(二)运动训练创新的特点

运动训练创新具有以下几项基本特征。

1.运动训练认识创新的持续性

在运动训练创新系统中,居于核心地位的是主体的认识创新,创新主体不断增加知识存储量、不断优化知识结构是实现认识创新的重要条件。创新主体不断学习与掌握新知识,丰富知识储备量,提高自我认识水平,并自觉优化知识结构,加强外部知识拓展,建立内部知识与外部

---

① 刘钦龙.运动训练创新理论研究[D].北京:北京体育大学,2007.

知识的连接渠道,进而实现认识的创新。

教练员作为运动训练创新的主体之一,只有不断丰富自己的专业知识,优化知识结构,才能准确、深刻地把握运动项目的本质特征、训练成绩影响因素以及制胜规律之间的联系,进而更好地制订专项训练计划,对训练内容、训练方法做出最佳选择,进行最优搭配,从而促进训练效率与质量的提高。教练员主体认识的创新以及创新能力的不断提升是运动训练持续创新的重要条件。

2. 运动训练创新的集群性

运动训练创新形态具有在一定时空内成群出现的特征,这就是运动训练创新的集群性。下面具体从时间与空间两个维度来理解运动训练创新的集群性特征。

（1）时间维度

在体育比赛之前,运动训练过程、训练制度的创新往往是集中出现的,目的是提高比赛成绩;在比赛结束后,运动主体的认识创新与技术创新常常会集中出现,目的是通过改变训练思维和采用新技术而争取下次比赛的优异成绩。这反映了运动训练创新在时间维度上的集群性。

（2）空间维度

某项体育项目专业教练员或运动员训练理念或技战术的创新可能会启发其他项目教练员或运动员的训练理念或技战术创新。或者,某个项目中个别教练员或运动员的训练理念创新引发其他训练主体的思维创新和技术创新,这是运动训练创新的集群性在空间维度上的体现。

3. 运动训练创新结果的实效性

将新的训练观点、训练方法以及新技术引入运动训练中,从而取得良好的训练效果,这就是运动训练创新结果的实效性。如果新的训练理念、训练方法或新的技术运用到运动训练过程中后提升了运动训练系统功能,提高了运动员的运动能力和竞技水平,那么就说明运动训练创新取得了成功,并从训练结果中得到了体现。

运动训练创新的效果如何,主要看采用新思想、新方法、新技术之后训练结果如何,因此训练结果的实效性是一个主要衡量标准。判断训练效果时,主要从以下三个方面着手。

第一,运动员的运动能力是否得到提高。

第二,运动训练的效益是否得到提高,即是否通过减少训练投入或缩短训练时间而达到与之前相同或超过之前的训练效果。

第三,运动员和教练员的专项素质是否得到提高,关键是运动员的体能和技战术能力是否得到提高;教练员的执教与管理经验是否得到有效积累以及专业执教能力是否提高。

运动训练创新一旦取得成功,将加速促进运动员和整个团队竞技实力的提高,并在一定时期内表现为训练主体素质提升、训练效益提高以及训练成绩增长。

二、运动训练创新的动因分析

(一)竞技体育比赛发展的要求

随着世界各国越来越重视竞技体育的发展,竞技体育比赛也逐渐向高强度、高难度和更加激烈的方向发展,运动员面临的挑战越来越严苛、难度越来越大,这对运动员的综合素质提出了更高的要求。随着多年的训练,一些运动员的身体素质基本处于极限状态,要进一步突破非常困难。在这种情况下,运动技战术直接决定着竞技比赛的胜负结果。传统的运动训练方式有效提高了运动员的身体素质水平,但要进一步提高运动员的技战术能力,还需探索新的训练方法。随着竞技体育比赛的不断发展,传统运动训练模式与不断发展的竞技体育比赛出现了一些不相适应的地方,因而必须加强对运动训练的创新,使其更好地适应竞技比赛发展的需要,满足运动员的发展需求。在运动训练创新中,除了要继续强化身体素质训练外,更要注重技战术训练的创新,以此来提高运动员的竞技能力和参赛水平。

(二)运动训练自身发展的要求

事物是不断变化发展的,如果发展中出现停滞,很有可能面临衰亡的境遇,运动训练同样如此。只有不断创新,才能使运动训练更好地适应各方面的需要,并走向持续发展之路,充分继续发挥运动训练的积极影响,为竞技体育的发展打好基础,为运动员成绩的提高提供有利条件,并营造弘扬竞技体育精神的浓郁氛围,使运动员的个人价值和运动训练的社会价值能得到充分实现。

(三)体育科学社会应用发展的需求

近年来,世界竞技体育发展速度非常快,取得了惊人的成绩,人类对竞技体育的研究也越来越全面、深入。单纯依靠训练经验显然无法满足竞技体育的发展需求,这就要求竞技体育科学尽快成熟。竞技体育科学是科学的一个重要组成部分,在发展中应遵循科学规范的规律与要求,将其运用于社会领域,使其在社会发展中发挥价值、做出贡献。

当前,竞技体育科学还未得到非常广泛的应用。在体育科学领域,运动训练涉及多个学科,如训练学、生理学、心理学、社会学等,这些学科相互交叉与渗透,在竞技体育领域得到了综合应用,并开辟了新的领域,对运动训练的发展与创新起到重要促进作用。

(四)科技发展的结果

科技发展是运动训练创新的重要因素,现代科技的发展促进了运动训练理论研究水平的提高、运动训练器材的进步与完善,因此促进了运动训练效率和效果的提高,使运动员各方面的素质都得到了显著提高,而且使运动员身体潜能和技术潜能的激发更加彻底。先进运动训练器材、装备的使用对训练方法的技术含量也提出了新的要求,因此要加强对运动训练方法的创新,将科学技术发展成果广泛运用于运动训练中,充分发挥新科技的作用,推动现代运动训练蓬勃发展。

(五)科学理论发展的推动作用

任何一种事物都不可能孤立存在,必然会与其他事物发生这样或那样的联系,运动训练也不例外,其与其他事物时刻产生联系、互动。运动生理学、运动心理学、运动营养学、体育教育学、体育管理学等学科知识都与运动训练密切联系,这些学科研究的发展与完善为运动训练的创新提供了重要的科学理论支撑。随着运动人体科学的不断发展,人们逐渐认识到在体育运动训练中,生理素质、心理素质、食品营养等对运动员的发展具有非常重要的意义。在相关学科理论的指导下进行运动训练,能够避免走弯路,促进运动训练效益的提高。

此外,在运动训练中应用新的科学理论本身就是促进运动训练不断创新的一个重要环节。可见,运动训练的创新在很大程度上受到了科学理论发展的影响。

(六)训练方式由经验型向科学型转变的必然要求

运动训练方式总是与一定的训练活动相联系,随着运动训练活动中科学元素的深入渗透与大量运用,科学逐渐成为影响运动训练的一个重要因素,传统上依靠经验进行运动训练的模式逐渐发生了变化。科学元素的介入使运动训练方式从"粗放型"转变为"集约型",由"经验型"转变为"科学型"。训练实践表明,科学型训练方式不仅充分认识到了训练中的规律性知识,也对可能出现的情况做了预测,使运动训练更有目的性。美国著名体育权威迪尔曼曾说过:"综合性地运用各学科知识进行有目的的人体训练,能够有效地提高训练技术,去掉教练单纯依靠经验而拿不准的东西。"[①] 总体来说,科学元素介入运动训练领域促进了科学型训练方式的产生,并对运动训练的创新与发展具有重要指导意义。

三、运动训练创新的表现

运动训练创新主要从训练理论创新、训练方法创新和训练环境创新三个方面体现出来。

(一)训练理论创新

科学理论对运动训练的引导作用是显而易见的,在运动训练创新中,科学理论创新是必不可少的条件之一。理论根植于实践,并反作用于实践,传统训练理论束缚了运动训练的发展,为了打破这种束缚,需

要精选训练理论的精华内容,去除其中不科学、无意义的糟粕,并加入新的、有意义的东西,以不断完善科学理论体系,使其更好地指导运动训练实践,因此运动科学理论的创新至关重要。这就要求我们不断总结训练经验,从中将更为科学的理论进行归纳与概括。

把新的科学理论运用到运动训练实践中,将理论与实践结合,这是一个较大的难题,需要经过长时间、大范围的实践来证实新理论的科学性,还要有针对性地营造运动训练的良好环境和氛围,并及时进行理论调整、不断加以完善。此外,在运动训练实践中运用科学理论的同时,还要根据运动员的个性特征及各种实际情况来调整与改革训练方法,如此才能促使运动训练更加合理化,取得最佳的运动训练效果。

(二)训练方法创新

运动训练的方法直接影响运动训练的结果。目前,我国竞技体育运动训练中传统训练方法依然占较大的比重,随着各类竞技体育项目的不断发展,新特征、新趋势逐渐形成,传统训练方法的弊端与缺陷逐渐显现,如一些传统训练方法存在训练时间结构不合理、训练强度不合理、训练内容单一、训练形式枯燥等问题,使运动员在训练中产生了焦躁心理。对此,必须加强对运动训练方法的创新,坚持个性化原则,做到因人而异,因材施教,这就需要教练员对不同类型运动员的训练时间表做一个合理的安排,在保证训练强度合理的同时,采用创新性训练方式来增加训练的趣味性、实效性,提高运动员参与训练的积极性与主动性,使运动员保持愉快的训练心情和充沛的精力,以饱满的状态投入训练与比赛,实现事半功倍的训练效果。

(三)训练环境创新

运动训练效果受到诸多因素的影响,其中运动训练环境的影响是不可忽视的,在良好训练环境下进行运动训练,可以比较轻松地实现训练目标,完成训练任务,从而取得良好的训练效果,而在恶劣的环境下训练则会影响运动员的训练心情,影响训练方法的实施,最终制约训练效果。

要在良好的训练氛围和训练环境中组织运动训练,就要善于进行良好环境和氛围的创造,如完善运动场地器材设施,采用先进的配置装备,营造与竞赛相似的氛围,提高运动员的心理素质水平和随机应变能力,使运动员在良好的训练环境与氛围中提高自己的竞技能力,从而在比赛中充分发挥自身水平,取得优异成绩。

四、运动训练创新理论下篮球运动技能训练的创新

（一）学习专项训练理论,树立创新观念

我国竞技篮球运动水平与篮球强国相比还有一定的差距,这与我国篮球训练指导思想、训练方法以及专项理论发展滞后有直接的关系。对此,我们要主动学习与借鉴国外的先进篮球专项理论和训练方法,并根据篮球训练规律,结合我国国情和篮球发展现状而进行有目的性、方向性的学习,在学习过程中要注意理论方法的创新,不断推陈出新,掌握最前沿的理论和最先进的方法。

篮球运动训练创新是一个循序渐进的过程,短时期内难以实现质的飞跃,教练员和运动员都要积极思考,勇敢探索和创新,从每次训练课、每个训练方法着手创新,达到通过创新而提高训练效益的目标。

此外,在篮球运动训练创新中要不断继承前人的创新成果和成功经验,在此基础上继续将训练引向新的创新道路上。各类创新主体还要加强交流与合作,分享创新体验与心得,共享创新资源,共同推进我国篮球运动训练的创新和篮球运动水平的提升。

（二）运用多学科知识,提高训练的科学性

随着现代科学知识在篮球运动训练领域的不断渗透,篮球运动的发展对学科知识应用提出了更高的要求,需要在篮球运动训练研究中从训练学、生理学、生物力学、心理学、信息学等多学科出发进行交叉研究,只有综合运用多学科理论知识,提高科研技术含量,增强科研队伍的专业能力,才能有效提高我国篮球运动水平。

（三）贯彻科学原则

运动训练的创新发展需要贯彻与遵守一些基本原则，严格按照相关要求进行创新，不断提高运动训练的创新与发展成果。

运动训练创新发展要坚持以人为本原则、继承性原则和理论与实践相结合的原则。

1. 以人为本原则

运动员是运动训练的对象，设计与组织运动训练需要首先考虑运动员的需求，这就要求在运动训练的创新与发展中坚持以人为本原则。运动员参与运动训练，是为参加竞技比赛做准备，目的是在比赛中取得好成绩。在运动训练中，运动员需要不断提高自己的体能与技能，使自己的竞技能力满足竞技比赛的需要。要想提高运动训练的效果，必须以运动员的需求和实际情况为依据对运动训练进行设计和安排，使运动员的需求得到最大程度的满足，使运动员训练的积极性和主动性得到提高，使运动员的运动潜能能够充分发挥出来。

如果在运动训练创新与发展中不坚持以人为本原则，忽略运动员的训练需求，那么运动训练创新与发展将会失去意义，无法取得预期的效果，而且会对运动训练造成不良影响。

2. 继承性原则

运动训练的创新与发展不是凭空想象就能实现的，也不是要全盘否定传统训练理念与模式，传统运动训练理念与方法中有值得继承和发扬的部分，因此在运动训练创新中要坚持继承性原则，全面分析传统运动训练模式，提炼精华，继续发挥传统运动训练方法的积极作用。

3. 理论与实践相结合原则

在运动训练创新发展中，必须坚持理论与实践相结合的原则，这是马克思主义哲学理论的要求。坚持理论与实践相结合的原则要求在运动训练实践中寻找灵感,加强创新与发展,并通过运动训练实践来检验创新成果。只有在实践中不断突破与创新,并通过实践检验创新成果,才能使运动训练更加符合运动员的真实需要,满足运动员的发展需求,也才能在运动训练的不断发展与创新中更好地挖掘运动员的潜力,发挥运动员的能动性,使其在竞技比赛中取得优异成绩。

(四)正确认识全面训练和专项训练

在篮球运动技能训练中,教练员要充分认识全面训练和专项训练的特点、作用和优势,实现从全面训练到专项训练的合理转化。在全面训练阶段,关键要打好基础,然后及时进行专项训练,根据球员的个体差异进行"因材施教",使每位球员的潜能得到最大化激发、优势得到最大化发挥,这样才能使一个团队保持良好的竞争力,在高水平比赛中取得好成绩。

(五)提高教练员的执教能力

篮球运动训练的发展乃至整个篮球事业的发展在很大程度上受到篮球教练员的影响,包括基层篮球教练员、俱乐部篮球教练员以及国家队和地方队篮球教练员。篮球教练员是落实训练理念、实施训练计划的重要组织者与指导者,因而必须重视对教练员这一创新主体的培养,具体可以从以下几方面落实培养工作。

第一,给予篮球教练员一定的待遇和人文关怀,使其下定决心踏实工作,努力向上,自主创新。

第二,对篮球教练员选聘制度进行改革,并从国外引进高水平教练,学习和借鉴国外篮球训练的经验、理念与方法,加强我国教练员与国外优秀教练员的交流,促进我国教练员的成长。

第三,组织教练员学习交流和出国深造,严格落实教练员考核制度,提高教练员的执教水平。

第四,采取上下结合、长期与短期、分散与集中、"送出去、请进来"等方式培养复合型教练员人才,提高教练员培训质量。

第 二 章

篮球运动技能训练的基本原理与科学指导

　　篮球运动技能训练,是建立在许多相关学科的理论基础之上展开的,坚实的理论是保障篮球训练的科学性和合理性的必要条件。本章将从篮球运动技能训练的基础原理分析、篮球运动技能训练的科学理念、篮球运动技能训练的原则与计划、篮球运动技能训练的控制性结构四个方面展开阐述,希望能够对我国篮球项目的健康发展起到一定的促进作用。

第一节　篮球运动技能训练的基本原理分析

一、篮球运动技能训练的生理学原理

（一）人体运动的氧运输系统

1. 需氧量

需氧量指的是维持人体正常生理活动的氧量，身体健康的人在安静状态下，每分钟需氧量是 250 毫升。

在篮球运动训练中，训练内容、训练时间以及训练强度等都会影响篮球运动员的需氧量，基本规律是需氧量随运动强度的增加而增加。

篮球运动员要想不断提高自己的训练水平和竞技能力，就需要在篮球运动训练中不断增加运动量与运动负荷，而随着运动强度的增加，机体需氧量也会相应增加，此时如果氧气供应不足，就容易出现氧亏现象，从而影响正常训练。

2. 最大吸氧量

最大吸氧量指的是在需要大量肌肉群参加的力竭性运动中，当氧运输系统中的心泵功能和肌肉的用氧能力达到本人最大极限时，人体单位时间内摄取的氧量。

运动员的最大吸氧量受遗传因素的影响，10 对同卵双胞胎完成 20 周的耐力训练计划，训练结束后出现两种不同的结果，即提高明显和很少或没有提高。

在最大吸氧量的影响因素中，上面提到的遗传、年龄、性别及运动训练因素的影响比较明显，因此将其称为显性因素。除此之外，还有一些隐性因素也对最大吸氧量有影响，如呼吸、肌肉代谢等，这些潜在因素也是限制因素，因为它们对最大吸氧量产生的主要是限制性影响。

最大吸氧量有两种测定方法,即直接测定和间接推算。直接测定法具有一定的危险性,间接推算法相对更安全,如瑞典学者 Astrand—Ryhmin 提出的列线图法。

（二）能量代谢

在篮球运动训练中,有氧和无氧代谢系统共同发挥作用,但只有训练中最强负荷阶段的时间才能称作有效负荷时间,如篮球运动员在急停、跳跃、疾跑中获得关键分值。单纯从篮球运动的比赛时间来看,机体供能形式主要是有氧代谢供能,但从有效攻防技术的有效负荷时间来看,无氧代谢供能才是主要的供能形式。因此,分析篮球运动训练的能量代谢供能特点时,不能只看比赛时间或训练时间,而要从有效负荷时间着手从本质上进行把握。

篮球运动训练中,能量代谢系统提供 ATP 的百分比与竞技时间有直接的关系,主要规律是无氧供能的强度随竞技时间的缩短而提高,如图 2-1 所示。

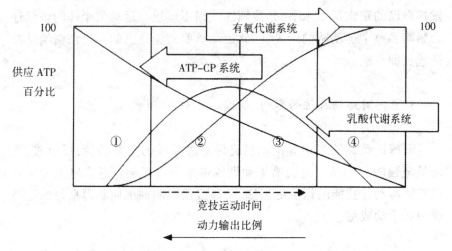

图 2-1　能量代谢系统提供 ATP 的百分比与竞技时间的关系 [①]

①　王峰．现代篮球运动的理论研究 [M]．北京：人民日报出版社，2013.

二、篮球运动技能训练的心理学原理

（一）心理因素对篮球运动训练的影响

1.智力的影响

在篮球运动训练中，运动员的记忆力是否精确、观察力是否敏锐、想象力是否丰富以及思维能力是否迅速等都会影响篮球运动训练的效果。

2.情绪对运动训练的影响

篮球运动员在运动训练中是否具有活力、运动能力能否正常或超常发挥，直接受自身情绪的影响。情绪良好、精神饱满的运动员往往能够全身心投入训练，坚持完成训练任务，挑战更好的成绩。而情绪低落、无精打采的运动员在训练中很难将注意力集中到训练任务的完成上，无法发挥自己的正常运动水平，导致训练成绩不理想。运动员个体的情绪还会影响到整个运动队的士气，因此运动员要避免自己的不良情绪给队友造成负面影响。

3.意志对运动训练的影响

篮球运动训练是培养运动员良好意志品质的重要路径，反过来，运动员坚强的意志品质也会给运动训练带来积极影响。意志坚强的运动员能够对动作技能的运用更加熟练，通过长期的训练而获得良好的竞技能力和运动成绩。

（二）篮球运动训练中的心理疲劳与控制

1.运动心理疲劳的概念与表现

运动心理疲劳是一种综合征，泛指情绪和体力耗竭感、成就感的降低和运动被贬值的综合表现。

运动心理疲劳的症状主要有安静时收缩压增高、肌糖原下降、体重减轻、肌肉长期疲劳、疼痛感明显、消化功能下降、情绪低落、心境紊乱、精神不振等。

2.运动心理疲劳产生的机制

（1）投入模型

施密特和施泰因提出的投入模型的基本理论是在运动训练过程中，运动员的投入和获得的评价直接决定其是否继续训练，有些评价能够使运动员继续训练，而有些评价则使运动员因心理耗竭而无法继续训练。评价内容包括运动员在训练中的投入、付出的代价、心理满意度以及训练效果等。通过对这些内容的评价，可以预测运动员是否继续参加运动训练。

运动心理疲劳产生的投入模型如图 2-2 所示。

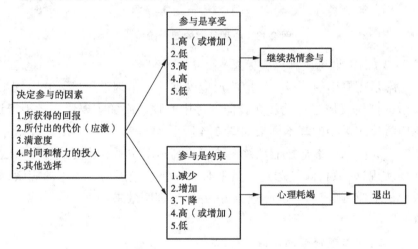

图 2-2　运动疲劳产生的投入模型 [1]

（2）认知—情感应激模型

史密斯提出的认知—情感应激模型是一个典型的心理耗竭模型，他指出，运动员在运动训练中的心理耗竭与应激有关，运动员在长期应激中如果无法适应，则会退出运动训练，这种不情愿主要表现在身体、心

①　张忠秋.优秀运动员心理训练实用指南 [M].北京：人民体育出版社，2007.

理及情感等方面。

在认知—情感应激模型中,心理耗竭的产生主要分为四个紧密联系的阶段,如图 2-3 所示。

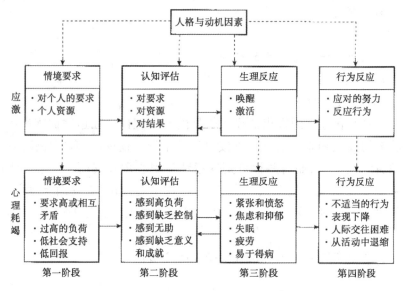

图 2-3　心理耗竭的四个阶段[①]

（3）消极训练应激反应模型

席尔瓦提出的消极训练应激反应模型的基本理论是,运动员对训练应激的消极反应是运动员在技能训练中心理耗竭的主要原因。消极训练应激反应模型的基本框架如图 2-4 所示。

篮球运动员参与技能训练主要以提高运动水平和比赛成绩为目的,而要实现这一目标,篮球运动员就必须尽快适应运动训练中的应激,如果无法适应,则容易引起心理疲劳,并影响训练效果。

3. 运动心理疲劳的消除

篮球运动员可通过心理疗法来缓解和消除在运动训练中出现的心理疲劳。心理疗法主要是通过对心理学理论、原则和技术的应用来矫治各种心理、精神、情绪和行为障碍或严重的情绪困扰的特殊治疗手段。这种手段有助于帮助运动员放松神经与精神,减轻运动员的心理压抑程

---

① 徐伟宏.篮球队伍管理与心理训练 [M].北京：知识产权出版社，2013.

度,使神经系统恢复正常工作,从而促进其他身体器官、系统的恢复,进而消除疲劳。

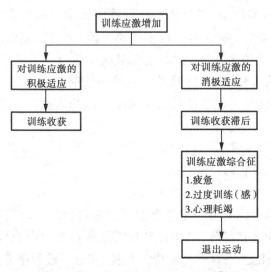

图 2-4　消极训练应激反应模型[①]

采用心理疗法消除运动心理疲劳时,要分析心理疲劳产生的原因,在此基础上有针对性地采用具体的治疗方式。常见的心理疲劳调节方式有调整训练、自我评价、设定目标、求助社会以及培养兴趣。

三、篮球运动技能训练的教育学原理

对于篮球运动的技能训练而言,教育学是贯穿始终的一门基础性理论学科。体育训练中的教育学既包含目的性,也包含艺术性,教育是人类社会持续发展和进步的重要社会活动。教育本质上是为了传承人类文明,为社会培养各种各样的人才。在篮球运动训练活动中,主要目的就是利用教育学的基本理论,保证篮球训练过程的科学、顺利、有效地进行。

（一）以人为本的教育理念

篮球运动训练是一个长期的、复杂的活动过程,需要教练和运动员

---

① 　徐伟宏 . 篮球队伍管理与心理训练 [M]. 北京：知识产权出版社，2013.

共同的努力。由于篮球运动独有的风格,在训练过程中,尤其需要以运动员自身的性格特点、身体优势以及目标兴趣为重要依据,尊重运动员的主观意识和客观条件,教练要在训练实践中遵从以人为本的教学理念,采取因材施教、因势利导的方法和手段,努力做到以运动员为训练主体,从运动员的个体本性、本能需求或个体身心发展规律出发,并积极推动训练的进程,教练既要发挥引导和教授的主导性职能,同时又要适当地退居次位,启发运动员自身的求知欲和求胜心,起到督促和辅助的作用。

(二)教育的目的论基础

篮球技能训练的另一个教育学基础来自目的论。篮球教学是一个复杂且严格的教育过程,其中篮球训练是篮球教学中的核心部分,需要教练与运动员的紧密合作与配合。并且,在这一过程中务必要确保教学活动的针对性、实效性和目的性。主要可从如下方面着手:充分考虑运动员身心发展的客观规律,保证篮球技能教学始终遵循其发展规律而开展,确保运动员所接受的训练内容符合他们的年龄特征和身体素质基础、运动技能基础等;确保充分地考虑并尊重不同运动员的个体差异,包括他们的共同点与不同点,按照求同存异的原则制订和安排训练计划、训练内容、训练方法,以确保每位运动员都能学有所得,获得最佳的发展路径。

目的论还包括要以发展的眼光考虑运动员的身心发展,在技能训练以及日常的生活中,运动员每时每刻都在发展变化,因此教练应灵活、动态地调整训练方法和训练内容,以达到最优结果为目的,以最大程度地发展运动员的技能水平为宗旨。总之,教练要最大限度地保证教学方法的针对性和有效性,运动员也要始终明确自身的训练重点和目的,只有这样,才有助于实现科学、高效的篮球教学与训练活动。

第二节 篮球运动技能训练的科学理念

一、对抗性训练理念

对于篮球的训练来说,对抗性的训练是一种非常重要的理念。对当今社会而言,竞技性已经成为篮球的一个越来越重要的特征。也就是说篮球运动中对抗是不可避免的,于是对抗性的训练理念就是篮球运动员们要学习与了解的。一位优秀的篮球运动员应当具有敢于对抗、善于对抗并且能有效对抗的素质能力。

二、实战性训练理念

在篮球技能训练中,对抗性同样重要的还有实战性训练理念,使运动员适应实战性训练环境,并做到稳定的技术发挥,从而能够应对各种棘手的局面。技术的学习、训练和使用,都离不开实战性理念的指导,没有实战,技术将失去应有的意义,篮球运动是一个集技术、战术、速度、心理等多种因素的高难度对抗性项目,运动员必须具备全面的素质能力和品质,并加强实战演练,才能综合掌握和运用这些技能。只有在实战演练中,才能更加真实地感受篮球比赛的激烈程度,激发运动员更多地投入到训练和比赛中,从而提高自身的技术能力、战术能力和心理素质。

三、周期性训练理念

周期性理念是指篮球技术训练要具有一定的周期性特征,如要有计划、有规律、有步骤地进行周期性训练,周期又可分为大周期和小周期。大周期包括以技术或者战术为基本元素的训练学习单元,对一个技术的训练,或对一组技术的训练为一个大周期,小周期包括准备活动、比赛阶段和调整阶段。

四、针对性训练理念

针对性训练理念是指教练所教的内容要基于运动员的实际情况，是以运动员为中心，选择对他们成长最有利的训练方法、手段和内容。这才是保证训练有效的根本因素。针对性理念还指在每一个训练环节上，都应该有明确的针对性，应做到让每一节训练课都有的放矢，教练和运动员都有具体而明确的训练目标，杜绝宽泛地、盲目地进行技能训练。

五、团队性训练理念

在篮球技能训练的过程中，还要加强团队性训练理念。篮球作为一项集体对抗性运动，个人技术能力是运动的基础，而团队的配合与协作才是篮球运动的灵魂。因此，在日常的训练中，教练要从一开始就培养运动员的团队合作意识，激发运动员在充分发挥个人优势的基础上，与其他球员精诚合作，在团队中发挥不可替代的作用，并取得更大的成功。在篮球比赛的攻防中，无论是进攻还是防守，无不体现着团队合作的重要性。每一次的快速进攻，或者顽强防守，都离不开场上五名队员之间的默契配合，在运用传切、掩护、策应、突分等技战术的过程中，掌握场上的控制权，进而获得高比分、实现比赛的胜利。可以说，一场比赛的胜利是属于团队协作的成果。

因此，在篮球运动技能训练中，应该始终围绕着团队性理念进行训练。

六、整体性训练理念

整体性训练理念是指在篮球运动技能训练活动中，尽管发展和提高运动员的篮球技能是主要目标，但是同时还要具有整体意识，兼顾体能、技术、战术、意识、运动安全等全面发展。技术是篮球运动的基础，决定着运动员的未来发展情况，也是运动员最根本的核心能力，然而仅有技术是远远不够的，要想成为一名出色的篮球运动员，并在未来能够获得优异的比赛成绩，必须全面发展。在技能训练的过程中，就要有意识地结合战术和各种攻防场景,进行具有较强针对性的训练,使每一个技术的学习都是在整体性的背景下进行的,这非常有利于运动员在真实的比赛场景中,也能顺利地发挥自身的最佳水平。

运动员的技能训练不是独立存在的,而是在一个完整的系统建构下进行的。在训练中,在全面发展运动员的各项技能水平的基础上,更要最大限度地发挥运动员的个人特长技术,并且该技术的发展还要能够与其他技术形成相互协调、相互促进的关系。与此同时,还应明确在篮球比赛中,娴熟的技术水平是决定战术配合的关键,如果技术不过硬,那么就会影响全队的整体水平,因此教练和运动员都要有意识地将技术融合在整体中进行训练,使运动员在熟练技术的同时,也在发展与其他队员相互配合的作战能力,让技术在配合中发挥最大作用。

七、具体性训练理念

具体性训练理念是指教练在组织技术训练时,应从细节处进行把握,将抽象的理念具象为可量化的数字和图表。尤其是随着科技的快速发展和迭代,有很多新技术、新应用极大地推进了竞技体育领域的发展进程。比如,美国的篮球训练很早就开始了对监控设备的使用,如传感器系统、运动表现分析系统、生理指标监测系统等多种智能训练监控系统,从而可以及时、准确地对运动员的跑动速度、跑动距离、传球次数、抢断次数、投篮热区和命中率等多种指标进行实时统计。这对篮球训练评价和评估具有重要意义,可以帮助教练了解运动员的技术掌握情况,运动员自己也能直观地认识到技术掌握程度,并指导下一步的训练,从而大幅提升了训练的质量和效率。

八、实效性训练理念

在现代竞技体育训练中,早已经从单纯的"苦练"阶段进化出来,而是结合科学训练手段,将量化分析与质性认识予以整合,系统地提高竞技体育整体的训练水平。实效性训练理念是指在每一次的训练中,都要以终为始,对技战术训练予以量化的前提下,要求运动员明确具体地达成目标,在训练中一切以增强场上技战术的执行效果为目标。具体包括以下几点。

（1）量化场上的每一个技术动作的完成次数或者比例。比如，要求队员在一场比赛中，要完成传球 300 次或以上，因为只有在一定数量的实际传球的基础之上，才谈得上质的飞跃。

（2）在每场比赛中，如果能迫使对手出现 3 组以上的无效进攻的情况，将会提高本场比赛的胜率。基于此，在防守训练中会明确地要求运动员以量化的角度非常具有针对性地破坏对手的进攻行为，当达到 3 组或以上的记录之后，则直接给进攻球员带来持续性压力，从而为获得比赛的控制权创造了条件。

九、时空性训练理念

随着现代竞技篮球运动的不断发展，对运动员的训练手段越来越具有精细化的趋势。比如，以美国为代表的篮球训练理念，强调对篮球运动员的时空感的培养，即在技术训练的同时，还要有意识地从时间和空间的角度观察、感觉并做出决策，只有这样才能让运动员在瞬息万变的篮球比赛中，能够快速准确地完成各种技术动作，从而有助于运动员在赛场上处于优势地位。对时间的感觉训练，可以通过精细的计时，来培养运动员对时间的把握能力。比如，大到每个训练模块的时间安排，小到每次练习要求的完成时间，都做准确的计时安排，以培养运动员对时间的控制和支配能力。

十、规范化训练理念

如果能掌握好该训练理念，对提升篮球技能训练质量将产生积极意义。篮球教练要对学生们的基本篮球技术进行规范化和加强化的训练，包括基本的运球、传球、投球等。在基本技术的训练中，教练应遵循规范化的理念，高标准严要求，每一个细节、每一个动作都要非常干净流畅。运动员只有扎扎实实地打好技术基本，才能游刃有余地掌握各项技能，才能在赛场上超水平地发挥。

十一、科学负荷训练理念

训练中除了要秉持规范化理念之外,教练还要科学控制好训练负荷。通过紧密观察运动员动作完成的标准程度以及运动员自身感觉的反馈,教练应当准确把握,并及时调整。在训练前,要根据运动员的身体状态、精神状态、恢复情况以及技术难度等,科学安排训练负荷。有经验的教练,总是能够敏锐地把握运动员的负荷安排,即强度不能过大、时间不应太长,当然强度也不能过小,或者时间过短。合理地安排负荷既是一门技术,也是一门艺术,是每一位教练需要做的功课。

十二、有序与无序相结合

在篮球运动技能训练中,还要秉持有序与无序相结合的理念。

有序训练是指根据训练目的、训练任务和技战术的特点,对训练的内容、顺序和要求,有相应的规定。这种规定有助于运动员快速掌握技术动作,并且在较短的时间内熟练篮球技术和战术,从而提升技战术能力。有序训练的优势是:可以帮助运动员进行决策,其不足是容易造成运动员的依赖思想,制约了发展运动员的自主思维和决策能力。因此,在有序训练的同时,必须还要结合无序训练。

和有序训练相对的,无序训练只是规定了训练内容和训练要求,而对运动员的具体行为和实施不做约束,以培养他们的自主决策能力和创造能力。作为一项同场对抗类项目,它不单是运球、突破、投篮等众多技术动作的简单叠加,更是在一定的时间、空间条件下,与队友、对手展开的一场复杂的合作与竞争的活动,在多重因素的相互作用下,篮球比赛呈现出复杂多变、跌宕起伏的特征。因此,作为一名篮球运动员,必须具备较强的应变能力,以及在比赛的高压下也能够迅速、准确地做出决策的能力,这些都需要对运动员进行无序训练才能实现。

如果仅对运动员进行有序训练,而忽略运动员具有能动性的思维能力培养,运动员的决策和应变能力将无法提升,比赛中遇到复杂困难的局面就难以应对。两种训练方法的合理安排符合循序渐进的科学原则,符合事物从量变到质变的发展规律。

第三节　篮球运动技能训练的原则与计划

一、篮球运动技能训练的原则

在进行篮球运动技能训练之前,要明确的一些基本原则如下。

(一)现实性原则

篮球技能的训练是从运动员的实际情况出发,根据既定的训练目标展开训练的过程。因此,首先要明确的就是现实性原则,现实性原则包括要对教练的专业水平处于什么等级,运动员现有的身体素质和技术基础以及教学设施、环境等这些现实条件进行实际考察,然后再根据实际情况安排篮球技能的训练工作。

从现实出发进行训练安排,设定合理的训练目标,制订可行的训练计划,严格实施训练内容,才能保证训练过程的有效控制,最终实现理想的训练效果。如果训练脱离了基本的现实性,就好像空中楼阁,很难真正成立。篮球人才的现实情况是制订计划、明确训练目标的基础,只有先了解现实和基础,才能将训练方向和计划确定下来。

(二)层次性原则

篮球运动技能训练,还要遵循层次性原则进行。一般来说,层次性原则包括训练计划的层次性、训练内容的层次性以及训练手段的层次性。训练计划的层次性体现为多年训练计划、全年训练计划、阶段训练计划和月、周的训练计划。而训练内容的层次性包括,教练要准确掌握训练内容的整体把握,在训练中要层层推进,相互衔接,彼此呼应。训练手段的层次性体现为根据运动员的个体差异和水平差距,教练应该适时地选择具有层次性的训练手段开展训练工作,以最利于运动员发展的方式进行训练。总之,教练在设计和安排技能训练的过程中,应遵从层次性原则来安排训练内容、训练方法以及训练负荷等,促进各层次训练的有序衔接和充分互补,以最大限度地提高训练实效。

(三)适宜性原则

适宜性原则指的是制订篮球训练计划时,训练目标要适宜,不能过低或过高,不能与现状不符,不能不与专项结合。脱离现实和不适应专项需要的过高或过低的训练目标都是不适宜的。因此,教练员必须建立在对篮球专项特征、篮球后备人才运动能力、学校或俱乐部训练条件、未来参赛计划等多方面因素加以考虑的基础上来预测和确定训练目标。训练目标的达成度是判断训练计划好坏的一个关键指标,因此在这方面要有高度的预见性,确保训练目标适宜,然后在适宜目标下对训练内容与方法予以安排和控制,保证最后能够顺利完成已制订的适应目标。

(四)方向性原则

方向性是篮球运动技能训练的另一项重要原则。在具体的训练实践中,每一节课的训练内容是整体的一个组成部分,两两之间或者具有某些内在联系,或者是互为补充的关系,也或者是相互独立的存在,但最终这些训练都指向共同的方向,即为球队的整体技术和作战能力的提高而服务。

另外,篮球技能训练的整个过程,从训练目标、训练计划、训练内容、训练方法、训练负荷等,都是朝着一个方向、一个目标而进行的,只有方向明确,接下来的训练才能有条不紊地进行,才能保证教练和运动员在训练过程中不会轻易与之相偏离,才能使训练计划顺利落实,充分发挥训练的作用。

(五)可评价性原则

作为一项实践性活动,无论是体能训练、技能训练还是战术训练,都应该遵循可评价原则。经过一段时间的训练之后,教练和运动员都需要通过评价来回顾和观察前期训练的实际效果。因此,篮球技能的训练一定要符合可评价性原则。

篮球技能训练是一项长期的、持续进行的复杂工程,因此在将训练计划投入实施前必须对其可行性、价值意义进行评价与论证，并在实践中灵活调整、不断完善，以提高训练效果，使预期训练目标顺利达成。

二、篮球运动技能训练的计划

篮球运动技能训练的计划是预先对未来训练过程的规划和设计，是对未来训练的预期和管理，也是实践和检查训练工作的重要依据。制订训练计划要建立在充分调查研究的基础之上，包括对可实现的目标、训练任务的评估、体育教师和学生的身体情况和出勤时间，以及训练场地等，都要提前做好调查和了解工作，然后才能保证训练有计划、有步骤地进行，保证训练任务的顺利完成。

在制订训练计划的同时，还要以重要的比赛为制订训练计划的依据，甚至有些训练就是为了迎接比赛而安排的。对于学生运动员来说，还要考虑他们的学业发展节奏，尽量在不影响正常文化课的基础上进行训练，保证运动员的德智体全面发展。

（一）多年训练计划

篮球运动技能的多年训练计划，是一个宏观的整体性规划，对运动员和教练而言，是一份长期的工作和训练的指导。在制订多年训练计划时，要从整体和全局把握，要确定长期的训练计划，还要依据运动员的身体条件、技术和战术基础、性格品质以及心理特征等基本情况来制订。多年训练计划既是对篮球队的整体训练规划，也是帮助每一名队员明确他们今后一段时间的总体目标和任务，以达到训练的"系统性"和"全面性"的目的。具体来说，包括总的训练目标、训练任务，以及各个阶段的训练目标和训练任务，以及为了实现这些目标对应的训练内容，包括体能训练、技术训练和战术训练等。除此之外，还包括对运动员思想道德、意志品质、心理素质等全方位的培养和训练。作为训练计划的组成部分，还应包含阶段性的训练效果评价和考核，从而让教练和运动员对前期训练情况有一个直观的认识，并能够更有针对性地调整接下来的训练计划。

多年训练计划更像是一个纲领性、指导性的训练计划，对具体的训练细节不做要求，可以用表格的形式，也可以用文字阐述的形式。制订多年训练计划的要领,明确目的和任务,合理安排整体的时间,不能超出人体正常的发展规律,尤其是对负荷的安排,一定要科学合理,在追求训练效率的同时,还要保证运动员的身体安全。

(二)年度训练计划

年度训练计划是多年训练计划的子部分,也是实现多年训练目标的重要环节,在多年训练计划的指导下,制订年度训练计划,可以将多年训练目标做进一步的细化,根据年内的重要比赛而制订出年度训练任务即内容。年度训练计划应更为具体和详细,对训练结果有十分具体的预期,并且还应落实训练场地、器械等后勤保障部分,教练的时间安排,以及相应的预案,从而保障年度训练目标的实现。

具体有以下几项内容。

1. 年度训练总任务

年度训练计划是在多年训练目标的指导下,对目标进行细化和分解,并依据运动员的实际体能情况和技战术基础,设定该年度的比赛成绩的预期,并提出具体的技能训练指标和任务,以及相应的训练评价、监督和考核等措施,以保证总目标的实现。

2. 划分训练周期及任务

制订年度训练计划的工作之一,是根据竞赛时间来划分训练周期,以及确定各个周期的训练任务和目标,再根据训练阶段制订出具体的训练内容。一般按照准备期、比赛期和过渡期来划分。

年度训练计划主要有以下两种类型。

(1)以该年度为一个训练周期的单周期训练计划,按照准备期、比赛期和过渡期划分。

(2)以准备参加的该年度的重要比赛场次为基准,而设定若干个训练周期。比如,如果该年度有两场重要的比赛,那么年度训练计划就划分为两个训练周期;如果准备参加三个重要的比赛,那么就要划分为三个训练周期,即该年度有三个准备期、三个比赛期和两个过渡期。

准备期的主要任务是稳步提高运动员的运动素质、运动技术及心理素质等方面的水平,最终达到竞技状态的初步形成。对于球队而言,准备期就是立足于球队的现有水平,进行有针对性的提高训练,如发展球队的配合协作能力、攻防能力等。准备期的训练一般会安排得比较紧密,强度较大,以总体目标为大方向,进行分步训练。然后这些训练准备期又可再次分为一般准备阶段和专门准备阶段。一般准备阶段以发展一般身体素质为主,而专门准备阶段是有针对性地发展专项素质和专项技术,会根据不同的球队制订不同的计划和安排。

比赛期的训练任务是促进运动员尽快适应比赛的强度,在完善专项技术的前提下,提高竞赛能力,尤其是球队的整体作战能力,要进入十分默契的竞技状态。整体而言,比赛期训练负荷相对减小,增加运动员的休息时间,但是训练强度逐渐增大,至少要达到比赛的强度,甚至高于比赛强度,才有助于运动员在真正的赛场上更为轻松地发挥。

过渡期的主要任务是消除前期训练和比赛带来的疲劳,进行积极恢复,如采取低负荷的一般身体训练,为下个阶段的准备期训练做好准备。

在年度训练的各个时期都要目标明确,有效地执行每一个训练的任务。另外需要强调的是,不能忽略评估和分析环节,在每个训练周期之间,以及每个阶段训练之后,都要及时进行评估,以帮助教练和运动员清楚地看到前面训练的成效和不足,为接下来的训练指出方向,在必要的时候,还要及时对训练计划做出调整,使整个训练都在严格的程序监控下进行。

（三）阶段训练计划

为了使训练安排更加周密、合理、详细,可按准备期、比赛期和过渡期安排阶段训练计划。在计划里,要制订出具体而周密的教学训练任务、内容和运动负荷。阶段计划要保证学期计划各个时期任务的完成,要有利于各个时期训练的自然衔接,也要便于能够及时调整。计划的制订一般采用表格形式,配以详细的说明。

（四）周训练计划

周训练计划是由数次训练课组成的,是训练过程中相对完整而又经常重复的重要部分。它是根据不同时期、不同阶段的训练任务、要求、完成和恢复等状况,对一周的身体、技术、战术训练内容和负荷所做的科学安排。

为适应不同任务而制定的周训练计划大致有四种类型,即基本周训练、赛前诱导周训练、比赛周训练和恢复周训练。这四种类型的周训练计划相对应用于准备期、比赛期和过渡期的训练。不同类型的周训练计划有其不同的训练任务、内容和负荷安排特点。

1.训练任务

基本周训练:主要任务是通过负荷的改变引起新的生物适应现象,提高运动员的竞技能力。基本周训练又分为加量周训练和加强度周训练。在全年训练中采用最多的周训练类型是基本训练周训练。

赛前诱导周训练:主要任务是使运动员的机体适应比赛的要求,把训练过程中所获得的竞技能力集中到专项上去。赛前诱导周训练主要用于比赛前的专门训练准备。

比赛周训练:主要任务是为运动员在各方面达到最佳竞技状态做准备,并进行最后的调整训练和参加比赛,力求创造优异成绩。比赛周训练一般以比赛日为训练周的最后一天,向前数一个星期予以计算。

恢复周训练:主要任务是通过降低运动负荷及采用各种恢复措施消除运动员生理和心理上的疲劳,以求尽快地实现能量物质的再生,促进恢复。

周训练过程中要求在完成主要任务的同时,考虑训练的系统性和各训练周之间的相互关系。周训练的不同内容及负荷要合理交替安排,这样既能够使运动员所需要的各种竞技能力得到全面综合的发展,又可避免负荷过于集中而引起过度疲劳。

2.训练的主要内容

根据周训练计划任务和实现训练目标的需要,各种类型的周训练内容应有所不同。基本周训练较多地采用发展一般身体素质和专项身体素质的训练手段,全面提高运动员的竞技能力。在技术训练中,采用分解和完整技术练习相结合的方法,可以更好地掌握和改进运动技术。训练内容广泛多样,并合理交替保持系统的持续训练。

赛前诱导周训练的主要内容与基本训练周训练一样,但练习内容更加专项化,训练课的组织形式接近专项的比赛特点。一般身体训练的比例减少,专项身体训练的比例增加。在技术训练中,增加完整练习的比例,以便更有效地发展专项竞技能力。

比赛周的训练应把高强度的专项训练安排在赛前 3～5 天进行,而把恢复性的中、低强度的一般或专项练习安排在赛前 1～3 天进行,使运动员通过艰苦训练所获得的竞技能力能在比赛中得到充分的发挥。

恢复周训练为一般性的身体练习,采用带有游戏性的各种练习,以消除运动员生理和心理上的疲劳。

3. 训练负荷的安排

基本周训练负荷变化的主要特点是周训练负荷增大。因为只有加大负荷,才能引起机体更深刻的变化,产生新的生物适应性。加大训练负荷有以下三种途径。

(1)增加训练量,训练强度保持不变或相应地下降。

(2)提高训练强度,训练量保持不变或相应地减少。

(3)训练量和训练强度都保持不变,通过负荷的累加效应给机体以更强烈的刺激。

赛前诱导周训练负荷变化的基本特点是提高训练强度,与其相应的是训练量适当减少。如果原来量就不大,也可保持原来的训练量,但要避免训练强度和量同步增加。

比赛周训练负荷的安排,全部要围绕着使机体在比赛日处于最佳状态来进行。负荷的组合方式依据专项特点和运动员赛前的状态而定。一般来说,总的负荷水平不高。在比赛之前,通常降低或保持一定的训练强度,训练量也应减小或保持。

恢复周训练负荷特点是大大降低训练的强度,训练量适当保持一定的水平,或者大幅度地减少。

为了掌握训练进度,必要时教练员应根据训练情况及时调整计划。

但每周训练计划不仅要任务明确,规定训练次数和时间,安排好每次的内容和负荷,而且还要合理地安排测验和比赛。

(五)课训练计划

课训练计划是根据周训练计划对每一次课做出的具体安排,主要内容包括:课的任务及内容;准备活动的内容、分量与要求,基本部分的训练内容、分量与时间的安排及具体要求,训练方法、手段的选择与运用,课的时间分配和课的各部分组织工作,课的结束部分整理活动内容、分量与要求,小结与布置课外作业等。

通常一堂训练课由准备部分、核心部分和结束部分三段组成。准备部分是让机体逐步进入工作状态,其中包括运动员的生理准备和心理准备两个方面。核心部分是训练课的主要部分,按照训练任务及训练内容的安排顺序进行,其间运动负荷必须有一次或几次达到高峰。进入结束部分后,则要逐渐降低运动负荷,使机体慢慢从激烈的运动状态回归到平静状态。

第四节　篮球运动技能训练的控制性结构

如果从工程学的思维思考和构建篮球技能训练过程,可以使篮球技能训练更具结构性,这样在对过程管理和实施方面能体现出更多优势,如会使整体的训练过程更好控制,也更有效率。通过构建篮球运动技能训练的控制结构,可以帮助教练和运动员对完整的训练具有更清晰明了的认识,可以进一步提高篮球技能训练的质量,促进运动员的快速成长。

一般来说,篮球技能训练框架是由三个层级构成,它们分别是:篮球技能训练的设置、对训练过程的实施以及对训练效果的评估和评价。

一、篮球技能训练的设置

第一层级为篮球训练本身,即对篮球技能训练的计划和过程安排,在它之下又包括三个基本环节,分别是篮球训练过程计划、训练过程实施和训练过程控制。而训练过程计划又包括如下几点。

(一)训练目标的制定

篮球技能训练的目标,是一切训练的起点,也是训练的终点。在训练之初,首先要明确的就是训练目标,它是决定训练过程和训练内容的主题方向。而对训练目标的制订,又是建立在比赛目标、运动员体能条件和技能条件的基础之上的。设定训练目标是篮球训练最关键的环节,决定着训练的方向和最终效果。

(二)训练计划的选择

在篮球技能训练计划中,其实是根据训练目标、运动员的体能条件、技术条件和心理条件等水平综合考核以及选择最适合当前条件的训练计划,这是保障顺利完成训练目的的重要条件。

(三)训练内容的安排

在确定了训练目标、训练计划之后,接下来就是安排训练内容。训练内容是训练的核心,也是决定训练成败的物质基础,教练在安排训练内容时,需要非常全面且审慎地通盘考虑,最后选择那些最科学、最适合的训练方法。

二、篮球训练过程的实施

篮球的训练过程实施是对整个训练过程的管理环节,训练过程是一个复杂的、动态的、灵活的过程,因此具有一定的管理难度。篮球训练过程实施又可以分为以下几个方面。

（一）竞技状态的诊断

在现代竞技运动的训练实践中，对运动员的状态诊断和训练实施具有同等重要的地位。在竞技体育的相当长的发展阶段，尤其是初期，主要是以多次重复、增加负荷这种"只问耕耘、不问收获"的方式进行的，这种方式的弊端就是，运动员对训练效果没有科学的、量化的反馈信息。这就使训练具有一定的盲目性，而且也是对运动员、教练以及其他训练资源的某种浪费。随着科技的发展以及竞技运动的不断进步，现代竞技体育对运动员的训练可以借助许多科技手段，具备了及时的、可视的、量化的诊断能力，实现了体育训练效率的大跨步提升。

通过阶段性的训练和诊断，帮助教练和运动员更好地对当前的训练效果进行评价，从而为下一步的训练做出及时的调整，对提升训练效果具有积极意义。

（二）训练过程的监控

对运动员训练状态的诊断自然离不开对训练过程的监控。就目前较高级别的训练平台，如国家级、省级或专业的体育高等院校，都有对训练过程进行监控的手段和系统，能够显著地提高运动员的训练效果。另外，对增强运动员的训练信心也有明显的促进作用。

（三）安全训练的保障

无论哪一项竞技运动，对训练安全的保障都是非常重要的。训练安全是训练的前提条件，因此训练安全在训练实施中占有重要的位置，应该引起教练和运动员的足够重视。

三、篮球训练效果的评估和评价

篮球训练效果的评估和评价是对训练目标、训练计划的科学性与合理性的有效检验，也是通过具体的实践过程的检验之后，重新评估训练内容是否恰当的主要途径。一般可分为以下几个方面。

（一）对训练计划的评价

在完成整体的训练实践之后，要对训练计划进行评价，可以从计划的合理性、科学性、实用性、衔接性等几个方面进行。对训练计划有效的部分加以巩固，对训练计划不足的地方加以弥补。总之，每一次对训练计划的评价，实际上都是对训练计划完善的过程。

（二）对训练目标的达成

对训练目标达成的评估是比较直观的，一方面，是从比赛结果的角度进行评估；另一方面，是从运动员是否得到了显著提高的角度进行。比赛成绩只是结果，具有一定的偶然性，即使训练得再好，也不能保证一定能赢得比赛。因此，对训练过程中运动员实际水平的提高进行评价也是不可或缺的一步。

（三）对训练内容的调整

经过对训练目标和训练计划的评估之后，就可以更具针对性地调整训练的内容，根据运动员的现有水平选择更有针对性的训练内容进行训练。在篮球运动训练技能中，有一些训练内容是基础的、基本不变的，如基本的力量训练和耐力训练，其手段和方法大体上比较稳定。同时，也有一些内容是随着篮球运动的发展而不断更新迭代的，如对运动员的战术的训练会有新的训练内容的出现。

第三章

篮球运动基础技能训练与创新研究

　　篮球运动基础技能主要包括篮球体能和基本功，它们是篮球运动技能最基本的组成部分，是构成篮球运动员竞技能力的基本因素，因而在篮球运动技能训练中首先要加强篮球体能与篮球基本功训练，并将一般体能训练与篮球专项体能训练结合起来。通过篮球体能与基本功训练，增强篮球运动员体能，使其拥有深厚的基本功底，从而为进一步提升篮球运动员的核心技能水平与综合竞技能力奠定良好的基础。在篮球体能训练中，既要沿用传统的科学训练原理与方法，又要适应世界竞技篮球发展的新趋势而不断更新训练理念，创新训练方法，从而提高训练质量，使篮球运动员有望攀登世界篮球竞技高峰，达到世界级最高竞技水平。本章主要对篮球运动基础技能训练与创新进行研究，主要包括篮球运动一般体能训练、专项体能训练、体能训练创新以及篮球基本功训练等几个方面的内容。

第一节　篮球运动一般体能训练

体能训练包括一般体能训练与专项体能训练。一般体能也是基础体能,是篮球运动员必须具备的基本运动素质,也是进行专项体能训练的基础。在篮球体能训练中,通常以一般体能为基础,专项体能为重点,并将二者有机结合起来。本节首先分析篮球运动一般体能训练。

一、篮球运动一般体能训练的基本原则

(一)自觉积极原则

在篮球体能训练中,篮球运动员必须先经过一般体能训练,打好体能基础,然后向专项体能训练过渡。在一般体能训练中,教练员根据运动员的实际情况为其设定训练目标,鼓励运动员自觉积极地进行训练,充分发挥主观能动性,通过主动训练行为朝着既定的训练目标努力。篮球运动员在体能训练中要主动克服生理和心理惰性,勇敢克服训练难题,坚定训练决心,长期坚持训练,以提升自己的基本身体素质和体质健康水平。一般体能训练也是培养篮球运动员自觉主动训练习惯的重要手段,这有助于为篮球运动员主动进行专项体能训练和技战术训练打好身体基础和行为习惯基础。

(二)系统全面原则

篮球运动员在一般体能训练中要贯彻系统全面原则,由专业教练员从运动员体能发展规律和篮球训练基本规律出发为运动员制订长远体能训练计划,做出科学规划,指导与监督运动员坚持不断地训练,保证训练过程的系统性和训练效果的长效性。此外,力量、速度、耐力、柔韧、灵敏是人体五大运动素质,是篮球运动员必须具备的基本身体素质。全面性训练原则要求篮球运动员在一般体能训练中全面训练与提升五大

身体素质,并以力量训练为基础,良好的力量素质能够为运动员其他身体素质的提升奠定基础。

总之,篮球运动一般体能训练既强调系统性,也要注重全面性,促进篮球运动员身体素质的全面、均衡及协调发展,提高基础体能水平,进而顺利过渡到专项技能训练。

二、篮球运动一般体能训练方法

(一)力量训练

下面列举身体各部位力量训练的方法,根据训练需要重复一定次数,注意各部位肌肉力量训练的平衡。

1. 肩部力量训练

(1)直臂侧平举
自然直立,两手各持一个哑铃垂于体侧,两臂伸至侧平举,快上慢下(图3-1)。

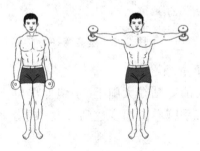

图3-1   直臂侧平举

(2)颈前推举
身体直立,两手握杠铃于锁骨处,握距同肩宽,手臂向上伸直将杠铃推起,然后慢放还原(图3-2)。

图 3-2　颈前推举

2. 手臂力量训练

（1）坐姿弯举

坐在凳端,两腿分开,一手握哑铃,另一手掌置于持哑铃手侧的膝关节上部,握哑铃手臂伸展,将肘关节的上部置于膝关节处另一侧的手背上,上臂固定,慢速屈肘至胸前,然后有控制地还原(图 3-3)。

图 3-3　坐姿弯举

（2）手腕屈伸负重练习

两手反握杠铃,前臂贴在大腿上,手腕伸出位于膝关节外。手腕围绕额状轴上下旋卷,手腕卷曲幅度达到最大;或者采用正握杠铃的方法练习(图 3-4)。

图 3-4　手腕屈伸负重练习

3. 腹部力量训练

（1）支撑举腿

双手抓双杠，手臂伸直发力使身体垂直上升，身体充分伸展，下肢放松，收腹举腿至水平位，还原（图3-5）。

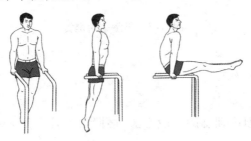

图 3-5 支撑举腿

（2）悬垂举腿

两手正握单杠，两臂伸展，下肢放松，身体悬垂，收腹用力，直腿上举，脚腕触单杠后还原。

4. 腿部力量训练

（1）卧抬上体

俯卧在台面，上体从一侧探出，两手置于头后，上体向下俯身，然后上体快速向后向上抬，有控制地慢速还原（图3-6）。

图 3-6 卧抬上体

（2）下蹲腿后提铃

两脚开立，屈膝下蹲，杠铃与脚后跟紧贴，正握杠铃，蹲起直臂提铃于臀部，保持身体正直，慢速还原（图3-7）。

图 3-7　下蹲腿后提铃

（二）速度训练

下面列举速度训练的一般方法，根据训练需要和身体情况重复一定次数。

1.压臂固定瑞士球

两人一组坐在长凳上，练习者一侧手臂向同方向水平伸出，手掌压瑞士球。同伴向侧面不同方向以最大力量的60%～75%拍球，练习者用力按压，防止球移动（图3-8）。

图 3-8　压臂固定瑞士球

2.双杠快速臂撑起

双手抓双杠，身体悬垂，屈肩、屈肘，身体下移，然后臂部发力再次将身体撑起。

3. 反应起跳

地上画一个圆,圈外两人分开站,一人在圆心处手持竹竿向圈外人脚下划圆,圈外人迅速跳起防止脚被打中,若被竹竿打中,则与圈内人互换后再练习。

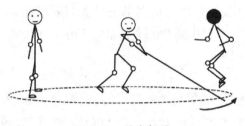

图 3-9　反应起跳

4. 弓箭步纵跳

做弓箭步准备姿势,垂直起跳,落地还原,双腿交替练习。

5. 陡坡上坡跑

在坡度为 20° ~ 35° 的上坡道上快速跑。

(三)耐力训练

基础耐力训练包括有氧耐力训练和无氧耐力训练,一般先进行有氧耐力训练,再进行无氧耐力训练。

1. 有氧耐力训练

(1)匀速持续跑

匀速连续地跑,控制好速度,心率保持在 150 次 / 分钟左右,跑的时间至少 30 分钟。

（2）间歇跑

负荷强度较大，每次持续时间不宜过长，心率达到 170 ~ 180 次 / 分钟。在身体尚未完全恢复（心率为 120 ~ 140 次 / 分钟）时进行下一次练习。整个训练的持续时间至少 30 分钟。练习间歇采用积极休息方式，如放松走和慢跑。

（3）变速跑

在田径场上变速跑，距离根据训练任务与要求而定。负荷强度由低到高，心率从 130 ~ 150 次 / 分钟增加到 170 ~ 180 次 / 分钟。持续练习时间至少 30 分钟。

（4）越野跑

在公路、草地、山坡等场地进行练习，跑距达 4000 米以上，跑的速度可以适当变化。心率控制在 150 ~ 170 次 / 分钟。以时间统计运动量时，运动时间在 1 小时左右。

2. 无氧耐力训练

（1）间歇后蹬跑

行进间后蹬跑，一次跑 60 ~ 80 米，重复 6 ~ 8 次，强度为 80%。

（2）原地间歇高抬腿跑

进行原地快速高抬腿练习，方法如下。

在非乳酸性无氧耐力训练中，做每组 5 秒、10 秒、30 秒的快速高抬腿练习，重复 6 ~ 8 组，组间间歇 2 ~ 3 分钟，强度为 90% ~ 95%。速度越快越好。

在乳酸性无氧耐力训练中，高抬腿 100 ~ 150 次为一组，重复 6 ~ 8 组，组间间歇 2 ~ 4 分钟，强度为 80%。

（3）反复起跑

蹲踞式或站立式起跑 30 ~ 60 米，每组 3 ~ 4 次，重复 3 ~ 4 组，次间间歇 1 分钟，组间间歇 3 分钟。

（四）柔韧训练

篮球运动员在基础柔韧训练中，要注意手臂、肩、髋、踝等各部位关节柔韧性的全面与均衡训练。下面列举简单易行的训练方法，根据实际情况重复一定次数。

1.屈臂绕环

两脚开立,两臂侧屈于肩上,两手扶肩上做向前、向后绕环。

2.两臂前后绕环

两脚开立,两臂上举,一臂直臂向前。另一臂直臂向后同时绕环,练习数次后两臂交换方向练习。

3.小臂绕环

两脚开立,两臂侧平举,大臂不动,小臂以肘关节为轴做向内、向外绕环,反复练习。

4.手指拨球

两脚开立,两臂置于胸前持球,做手指向左、右拨球的动作。

5.手腕绕环

两脚开立,屈臂置于胸前,十指交叉向内、向外绕环。

6.膝关节绕环

双手扶膝成半蹲,左右旋转绕环,或开合加旋转绕环。

7.体前屈弓步走

左弓步,上体前屈,左手触左外侧踝,右手斜上举。然后右腿屈膝前摆成右弓步,右手触右外侧踝。两腿交替弓步走。

8.仰卧挺髋

仰卧,两臂上举,手背着地,手背与前脚掌撑地,向上挺髋至最大幅度,控制 3 秒,还原。

9.左右转髋跳

两腿左右开立,双手叉腰,两脚同时用力蹬地跳起,以髋为轴向左转 90°。落地时左脚踵、右前脚掌撑地;然后跳起向右转髋 180°,落地时右脚踵、左前脚掌撑地。

10.踝关节绕环

两腿直立,两手叉腰,重心放在一脚,另一脚脚尖着地,做踝关节绕环动作。两脚交替练习。

(五)灵敏训练

灵敏素质是一种综合素质,综合反映了运动员的力量、速度、耐力、柔韧等基本运动素质以及反应能力、平衡能力和协调能力。篮球运动员在基础素质训练的基础上,还要加强灵敏这一综合素质的训练,尤其是反应判断能力、平衡力及协调性训练。下面列举一些训练方法,根据训练目的和个人需要而重复一定次数。

1.反应判断能力训练

(1)听口令做相应 / 相反动作。
(2)听信号做各种姿势起跑。
(3)听信号或看手势急跑、急停、转身、变换方向。
(4)原地跑或行进间跑中听口令做动作,如喊数抱团成组;加、减、乘、除简单运算得数抱团组合等。
(5)跳绳,如两人摇绳,从绳下跑过转身,从绳上跳过等。

2.平衡能力训练

（1）在平衡木上做简单动作。
（2）各种站立平衡，如俯平衡、搬腿平衡、侧平衡等。
（3）在肋木上横跳、上下跳练习。
（4）两人面对面站在肋木上，伸出手臂虚实结合相互推。

3.协调能力训练

（1）各种徒手操练习。
（2）移动练习，如前后、左右、交叉等快速移动，单脚为轴的前后、转体的移动等。
（3）简单动作组合练习。
（4）结合武术中"二踢脚""旋风脚"等动作练习。
（5）双人跳绳。

第二节　篮球运动专项体能训练

一、篮球运动专项体能训练的原则

（一）一般与专项相结合的原则

对篮球运动员来说，一般体能与专项体能密不可分，因而在篮球运动体能训练中要将一般体能训练与专项体能训练结合起来。专项体能训练是从篮球运动员的专项能力和技战术特点出发实施的，旨在培养篮球运动员提高专项技能所需的专项运动素质，为其创造优异比赛成绩打好基础，一般体能则是基础的基础。

体能训练不能脱离专项而盲目进行，否则就会失去训练的意义。在篮球运动技能训练中，技战术训练是主体内容，体能训练是基础内容，为技战术训练提供坚实的基础。所以，在篮球体能训练中，必须结合专项特征、专项需要安排训练内容、训练手段，并合理划分一般体能训练和专项体能训练的比重,进行更有针对性的练习。

(二)体能与技战术相结合的原则

篮球运动员在赛场上实施攻击和防守的技战术方案,是以良好的体能素质为前提的,运动员只有具备良好的体能素质,才能充分发挥技战术水平,与队友协同配合,抓住机会达到进攻得分、取得优异比赛成绩的目的。所以,只有将篮球专项体能训练与专项技战术真正结合起来,才能达到预期的训练目的。篮球运动员的技战术能力也能够在体能训练中得到检验并不断完善,篮球运动员在技战术训练中其体能也能够得到进一步巩固与提升。为此,要从篮球运动员的竞技水平、不同阶段的训练任务出发,对体能和技战术训练的比重进行合理安排。

篮球运动员必须清楚,体能是充分发挥技术的基础条件,是自身在赛场上有效遏止对方的重要手段,自身在运动技能方面的欠缺可以通过体能弥补,越是高水平、高难度的篮球比赛,运动员越要具备良好的体能。篮球教练员要为运动员制订一套科学合理的体能训练计划,并将体能训练融入技战术训练中,促进体能和技战术之间的正向迁移。

二、篮球运动专项体能训练方法

(一)专项力量训练

在篮球比赛中,运动员必须具备良好的力量素质才能与对手抗衡,才能高质量完成各种攻守技能,获取主动权,提高获胜的可能。专项力量训练是篮球专项体能训练中最基础的内容,通过训练提高专项力量素质后,也能对其他身体素质的专门训练与不断提高产生积极影响,同时对提升篮球技战术水平也有重要意义。

对于篮球运动员来说,在专项力量素质训练中必然不可忽视爆发力训练,篮球运动中很多技术的完成都离不开爆发力,如快速移动、起跳等。爆发力是由绝对力量转变而来的,绝对力量的水平决定了爆发力的水平。篮球运动员的绝对力量如果在运动场上无法顺利转变成爆发力,那么其绝对力量的作用就会弱化,也难以高水平完成一些需要运用爆发力去完成的篮球技术。如果篮球运动员有很好的爆发力,便能在最短时间内产生最大力量,从而顺利完成有力量的动作,提高动作质量。肌肉的爆发力不是与生俱来的,是通过训练获得的,因此在篮球专项力量训练中要合理安排爆发力训练。

下面重点分析篮球运动员各部位力量训练方法和爆发力训练方法。

1. 上肢力量训练

（1）单手肩上传接球练习

两人面对面站立,间隔 2 米,持球者双手轮换交替将球从左手经背后绕到右手进行单手肩上传球练习,接球者接球后按同样的方法回传球。

（2）两人连续投篮练习

两人各持一球,面向球篮平行站立,间隔 2 米,做单手肩上投篮的准备姿势,听口令同时连续向前上方投篮,伸臂、屈腕、拨球的动作要连贯,两臂交替进行。

（3）双手头上传接球

两人面对面站立,间隔 2 米,持球者双手持球置于头上,连续前后摆腕几次后向同伴传球,接球者接球后按同样的方法回传球。

（4）体侧传接球练习

两人面对面站立,间隔 2 米,持球者双手交替将球从内向外绕大小腿后进行体侧传球,接球者接球后按同样的方法回传球。

2. 下肢力量训练

（1）面对篮板连续跳对板传接球

练习者面对篮板站于篮下,双手抱球于胸前,将球对板传出,当球从篮板弹回时,再向上起跳接球并在空中将球再传向篮板。如此连续起跳传接球。

对板击球时,两臂动作不要过大,主要靠两前臂在向上方伸出时压腕拨指完成,用力适宜,落点要准确。

（2）突破练习

两人各持一球,面对面站立,连续做突破"蹬、转、跨、探、放球"练习。练习时,两人同时用右手向对面同伴的右侧传出反弹球,两人轻跳接球,同时向右做以左脚为轴的顺步突破动作。

3. 腰腹力量训练

（1）仰卧起坐碰球练习

一人两球,双手持一个球,两脚间夹一个球,仰卧在垫子上,做仰卧起坐练习,坐起后用手中的球碰两脚间的球。

（2）俯卧摆动练习

一人一球,俯卧做上、下肢同侧摆动练习。两脚直腿夹住球,俯卧在垫子上,两手和两脚同时离开地面,快速向同一方向摆动。

（3）仰卧"两头起"碰球练习

一人两球,双手持一个球,两脚间夹一个球,仰卧在垫子上,做仰卧两头起练习,收腹坐起后尽可能使两球触碰。

（4）低运球练习

持球坐在垫子上,两腿并拢离地,运球于腿侧,两腿分开时将球运于两腿之间,反之亦然。

4. 爆发力训练

在篮球比赛中,运动员要根据攻守情况不断变化自己的位置,灵活调整站位,从而应对不断变化的赛场情况,争取主动权。篮球运动员调整站位的动作方法有前后跑、滑步、纵跳等,在完成这些动作时,身体的爆发力很重要,充分运用爆发力能够提高动作完成质量,达到预期的效果。因此,爆发力训练是篮球力量训练中不可或缺的重要组成部分之一,篮球教练员要以运动员的体能特征、体能发展需要为依据对爆发力练习方法进行设计。下面列举一些简便有效的训练方法。

（1）双膝触肘

要求双脚起跳快速离地,跳至最高处时屈髋、屈膝。练习时连续快速垂直起跳,落地时,迅速屈踝、屈膝及屈髋,再快速起跳,同时使双膝尽量触及肘关节。反复练习。

（2）跳箱跳投

此练习能够锻炼弹跳力、接球及投篮技术,方法如下。

①在选定的投篮区域内摆放一只跳箱,练习者站在跳箱后侧面对篮圈。

②同伴投球,位于跳箱及球篮之间。

③练习者双脚跳上跳箱,并迅速向前跳下,落地前接同伴的传球。

④脚落地后,快速爆发式起跳投篮。

⑤跳起摸篮圈。原地站立,目视篮圈,然后快速起跳并屈踝、屈膝、屈髋,挥臂单手摸篮圈,尽量向高处摸。

（二）专项速度训练

篮球运动员在篮球场上奔跑,要在高速跑动中具有突然、快速地改变跑动方向的能力,即连续不断变换方向的奔跑速度。尤其是攻守转换阶段,跑动速度尤为重要。速度快的运动员,场上跑动不仅轻松自然,而且启动突然有力,能够迅速获取主动,有利于完成攻守任务,因而在篮球体能训练中结合篮球运动的特点和技战术发展的需要进行专项速度训练,尤其是各种跑的训练尤其重要。

1. 小步跑

膝稍屈,身体呈一条直线(即肩、髋、膝和踝关节呈一条直线),尽可能提踵。跑动时,前脚掌着地,尽可能蹬伸,双膝微屈,双脚交替。着地时注意用前脚掌,而不是整个脚底。当右脚蹬离地面时,左脚要划过地面。

2. 高抬腿跑

高抬腿跑时,要求脚前掌落地,抬膝时保持身体伸展。当一条腿伸直时,另一条腿的大腿要与地面保持平行。当膝盖抬到最高点时(大腿与地面平行),脚踝向后勾,脚置于膝盖的下方。

3. 起动跑

（1）原地或移动中根据信号突然起动快跑。

（2）起跳落地,立即起动侧身加速快跑。

（3）用各种姿势起动,全速跑 10 ~ 30 米。

（4）不同距离折回跑。

（5）5 米折回抢滑步。

（6）四步加速跑。在球场上标出四步加速跑的位置：离起跑线 66 ~ 76 厘米为第一步；第一步和第二步之间距离 92 ~ 93 厘米；第二步和第三步之间距离 117 ~ 127 厘米；第三步和第四步之间距离 142 ~ 152 厘米。运动员用 1/4 的速度跑完 4 步,各步之间不要停顿。跑时手臂用力摆动。逐渐从 1/4 速度向 1/2 速度、3/4 速度、全速过渡,完成加速跑练习。

4.各种姿势、各种距离跑

用各种姿势起跑,全速跑 30 米、60 米或 100 米,改进和提高跑的技术和速度。在两罚球线、两端线间进行各种距离的往返接力跑等。

5.移动中跑

（1）快速跑变中场后退跑。

（2）折线起动侧身变方向跑。

（3）各种折线跑与抢滑步练习。

（4）沿边线侧身快速跑。

（5）沿 3 分线急停、起动、侧身跑。

6.结合球的跑步练习

（1）直线或折线自抛自接球快速跑练习。

（2）全场 3 人"8"字传球快速跑。

（3）全场传球快速起动跑。

（4）全场只允许传 3 次球然后上篮的各种方式跑练习。

（5）单手全场直线（或一次变向）快速运球上篮。

（6）加速快跑接长传球、地滚球上篮练习。

7. 摆臂练习

手臂速度练习也很重要,手臂摆动的速度要与跑的速度保持协调,加快手臂摆动速度也有助于加快跑速。

（1）向前甩臂,然后贴身向后甩臂。练习时肩放松,手臂伸直,手放松,不要握拳,以免双臂自由摆动。

（2）手臂屈肘呈90°,肘部放松摆动,前后移臂,手臂前摆时不要高过胸或肩;向后摆动时不超出臀部。

（三）专项耐力训练

篮球运动员在比赛中保持充沛的精力和斗志力离不开良好的耐力素质,耐力强是运动员正常发挥技战术的一个重要保障。在篮球专项耐力训练中,要根据运动员的代谢特点,循序渐进地安排训练,并观察运动员在训练中的生理反应,从而控制训练强度,合理安排重复次数与练习时间,保证训练任务的顺利完成。此外,还要注意常年坚持耐力训练,逐步提高运动员对各种新异刺激的适应性,在耐力训练过程中还要对运动员的意志品质和顽强斗志进行培养,促进篮球运动员体育精神的升华。最后要注意的是,篮球耐力训练容易使运动员耗费大量的体力和精力,所以在训练结束后要注意采取有效的手段促进恢复。

篮球运动员专项耐力速度训练方法如下。

1. 速度耐力训练

（1）200米或400米全速跑,间歇1.5 ~ 2分钟。
（2）1500米变速跑,直道时全速跑,弯道时慢跑。
（3）30米冲刺：10次,间歇15 ~ 20秒。
（4）60米冲刺：10次,间歇30秒。
（5）3000米、5000米等长距离定时跑或越野跑。

2．移动耐力训练

（1）看手势向各个方向移动，1组2～3分钟。
（2）单人全场防守滑步。
（3）30秒3米左右移动，5～8组。
（4）全场、半场篮球赛，或小场地足球赛，要求人盯人防守。

3．弹跳耐力训练

（1）连续跳绳5分钟。
（2）双脚连续跳8～10个高栏架。
（3）原地或沙地连续直膝跳、蹲腿跳、跳起抱膝。

（四）弹跳力训练

弹跳力是指篮球运动员下肢发力，同时全身协调用力，从而迅速从地面弹起腾空的能力。对篮球运动员来说，拥有良好的弹跳力很重要。弹跳力好的运动员能够更好地争夺高空优势和有效控制攻守范围，同时在掌握复杂、高难度的技术动作方法时也有优势。在篮球实战中，运动员的弹跳力具有快速连续性和多维方向性，这是专项训练中要注意的一个要点。

篮球运动员专项弹跳力训练方法如下，按训练目的重复一定次数。

1．垂直起跳摸高

（1）两脚开立，眼睛注视标志物。
（2）迅速起跳，跳到最高点时伸手摸标志物。
（3）落地后要缓冲。

2．垂直收腹跳

（1）垂直向上跳起，收腹，使膝盖与肘关节相触。
（2）落地时，屈踝、屈膝、屈髋。

3.侧向跳跃障碍

（1）两脚并立站在障碍物一侧,目视落脚点方向。

（2）向目标方向起跳越过障碍物,落地后再反方向侧跳越过障碍物。

4.起跳抢篮板球

（1）两人在篮板下一左一右平行站立。

（2）其中一人持球,以向篮板抛球的方式传球,另一人迅速起跳,在球到达最高点时触球,并按照同样的方式给同伴回传球。两人不断跳跃接球、传球。

在篮球弹跳力训练中要注意以下几点。

第一,篮球运动员在早期就要重视锻炼弹跳力,先进行小肌群弹跳练习。

第二,在弹跳力训练中要求强度较大,组数较多,每组练习次数较少,组间间歇适宜。

第三,结合专项技术特征训练弹跳力,争夺空中优势,使弹跳的高度与远度有利于完成专项技术。

第四,弹跳训练与一般柔韧训练及灵敏训练结合起来,促进身体重心转换能力与控制能力的提升。

第三节　篮球运动体能训练创新

一、篮球运动体能训练理念创新

（一）提高体能训练在篮球训练系统中的地位

篮球运动是一项同场对抗性球类运动,对运动员的体能有着非常高的要求。篮球运动员在激烈的比赛中持续较长时间的高强度对抗,能量消耗非常大,如果没有良好的体能,是很难坚持到比赛结束的。所以,不管是篮球教练员还是篮球运动员,都应该高度重视体能训练,对体能训练在篮球运动技能训练体系中的地位、重要性有正确的认识,将体能训练放到重要位置,将长期系统地组织实施体能训练作为提高运动员竞技能力、比赛能力和比赛成绩的重要手段。体能对篮球运动员的重要性在高水平篮球比赛中都能充分反映出来,重视篮球一般与专项体能训练,合理安排篮球体能训练与技战术训练的比例,并将它们有机结合起来,促进篮球队综合能力的提升,使其在比赛中圆满完成任务,取得理想的成绩。

（二）制定体能训练标准

篮球体能训练实施中要采用丰富多样的训练形式和科学有效的训练方法,并且要加强对整个训练过程尤其是训练负荷的监督与控制。为了准确判断体能训练负荷是否合理,需要设计可量化的训练负荷指标,包括运动员生理指标和生化医学指标,采用恰当的方式对这些指标进行测试,从而检验训练负荷的合理性。此外,可量化指标也能用于衡量与评价篮球运动员的体能训练效果,不断制订与完善篮球体能训练指标体系,对监控篮球体能训练过程的科学性、合理性以及保障训练效果的有效性具有重要意义。

（三）创新体能训练方法

篮球体能训练水平与训练效果主要取决于训练方法,训练方法科学、合理是保证体能训练效果的前提条件。在竞技体能训练的快速发展和篮球体能训练的深入研究中创造出大量科学有效的体能训练方法,而且随着现代科技在竞技体育中的不断渗透,体能训练方法越来越先进。要持续不断地提高体能训练水平与训练质量,必须筛选最适合每名运动员、最能增强运动员体能的科学训练方法,并不断打破传统训练思维局限,加强对体能训练方法的创新,根据运动员的训练需要设计新方法,提高体能训练效率和质量,使篮球运动员在比赛中保持最佳体能状态。

篮球体能训练方法的创新体现在各项运动素质的训练中。例如,在力量训练中,很多运动员以杠铃训练为主,这是提升运动员力量素质的有效训练方法,但不要局限于此,在杠铃训练的基础上可以进行高强度跳跃式训练及其他器械的训练。又如,在耐力训练中,除了通过各种距离、各种姿势的跑步练习外,还可以进行间歇式冲刺性训练,这符合篮球运动的特点,也能促进运动员耐力和爆发力的发展,同时还能增加训练的趣味性,提高运动员训练的积极性。

二、篮球运动体能训练创新实践

篮球比赛中,不同位置球员的主要职能不同,擅长的技术也有一定的区别,因此在不同位置球员的体能训练中必须结合球员的技术特征、优势技术以及技术发展需要来设计体能训练方法,并将体能训练与关键技术训练结合起来,或者说在体能训练中融入技术训练,在技术训练中融入体能训练,总之,体能与技术的整合训练效果更佳。

(一)前锋队员体能训练创新

对篮球运动中的前锋队员来说,突破是非常关键的技术,因此要特别重视运球突破、接球突破、空切接球突破等各种突破技术的训练,这也是所有外线球员和有远投能力的内线球员体能与技术结合训练的关键。

前锋队员体能训练方法创新示例:分成两队,5人防守,2人进攻。一名进攻者高位运球,一名防守者手持防护垫对其进行碰撞,另一名进攻者从一侧三分线开始向篮下切入接传球上篮,然后向另一侧三分线跑接球投三分,如此往复。每一轮都有两次上篮和两次三分,但在此过程中受到4个对手持垫推撞,进攻者一定要保证投篮命中率。

(二)中锋队员体能训练创新

背身攻击是篮球中锋队员的一个特长技术,其利用身体掩护球,以脚为轴转动身体,用身体阻挡对手,使其难以有效阻碍进攻。在保护好球的同时能控制节奏,并观察比赛局势,伺机传球策应,从个人进攻技术过渡到团体配合进攻战术。中锋队员加强背身进攻、传球策应训练,有助于发展专项体能素质。

中锋队员体能训练方法创新示例：用大小等同于篮球,重量约 5 千克的药球进行训练,训练一段时间后,换成比篮球重 10 倍的药球。药球外表光滑,而且移动中惯性很大,所以能够很好地训练运动员的手指、手腕力量和身体协调性。再经过一段时间后,加入持防护垫的防守者,这样能够在训练运动员体能的同时巩固其持球背身进攻的技术。

（三）后卫队员体能训练创新

篮球比赛中,后卫控球不稳,不能兼顾观察队友,突破走步、掉球等问题时常出现,而且随着篮球对抗程度的增加,后卫控球的难度也越来越大,因而在日常训练中既要加强控球训练,也要进一步重视体能训练。

后卫队员体能训练方法创新示例：分成两组练习,一组队员运球交替出发,另一组队员手持防护垫在全场干扰。运球队员在运球过程中绕过若干标志杆,并绕过对方的夹击陷阱,在此过程中还要完成换手运球、转身运球等动作,还要合理推挤对手,保证球不掉落、8 秒过前场并及时给站在各个攻击位置举手示意的教练传球。

第四节　篮球运动基本功训练

篮球基本功是指篮球技术中存在的共性基础技能,这些技能在篮球基本技术中占据重要地位,发挥着关键作用。篮球运动员的基本功主要体现在其在实战中对篮球技战术的运用。篮球基本功是篮球运动最基本的技能,是篮球运动员必须熟练掌握的技能。篮球基本功包括手功、脚功、腰功和眼功,这几种基本功在一定程度上是相对独立的,它们的形成规律各有特点,都有独特的个性,但从篮球竞技能力这一整体来看,各项基本功之间又密切联系、相互影响,不可分割。本节重点对篮球运动基本功训练方法展开分析,为篮球运动员扎实掌握以及巩固篮球基本功提供指导。

一、眼功训练

篮球运动员用眼角余光扩大视野的能力就是眼功。眼功好的篮球运动员往往有广阔的视野,能及时判断赛场情况,对全场赛况有全面的了解,从而能够根据获取的信息选择正确的篮球技战术,做出正确的决策。篮球运动员的眼功充分反映了其观察力、判断力和决策力。

篮球眼功训练要结合篮球基本技战术进行,如进攻队员运球进攻时,要伺机向处于更有利位置的队友传球,这就要求其视野开阔,余光观察的范围大。此外,防守队员不管是防有球队员还是无球队员,都要用余光对周围情况进行全面的观察,对进攻者—球—篮的关系有所了解,以便确保自己的防守位置正确,成功将对手的掩护打乱。

眼功训练可以融入篮球技术训练中,教练员可以从练习内容的特点出发,在运动员余光能够观察的范围内有意制造一些"障碍",考验他们的眼功。例如,当进攻者运球行进时,在一定范围内让无球队员或防守队员变换位置,让运球队员及时向同伴传球,或让运球队员将位置变换后脱口而出同伴的名字,从而判断其眼功的水平。

二、手功训练

手功是篮球运动员必须具备的基本功之一,它指的是运动员在完成篮球基本技术时,对球体属性及特征的适应能力、控球能力、支配球的能力以及手部的爆发力。一般可以采用传球、运球、挑球等练习方法来训练篮球运动员的手功。

(一)传球训练法

1.快速传球

先快速运球,然后伺机进行抄手传球或弹点传球,传球目标固定、不固定均可。例如,在篮球场四周快速运球,中途突然向球场中央的固定目标快速传球。

2. 5 人一组传球

5 人一组、各持一球进行练习,其中 4 人站成一个扇形形状,相互间隔 50 厘米,另一人面对扇形站在中间,与扇形队伍间隔 5 米,其与扇形队伍的 4 人快速交替轮转进行传接球练习,传接球的方式以单手或双手胸前传接球为主。

进行传球练习的过程中,要求运动员做传球动作时手臂夹紧,通过抖动手腕和手指发力弹拨传球。

(二)运球训练法

1. 体侧前后推拉运球

开始时,右手在身体同侧运球,然后手腕竖直向前推球,再迅速屈腕将球复位。

2. 变速运球

降低身体重心,完全伸直手臂,巧妙运用手指、手腕进行运球练习,运球速度快慢交替,球反弹后最高距离地面 20 厘米。

(三)其他训练

除传球、运球练习外,还可以通过以下练习来训练和提升手功。

(1)利用哑铃、杠铃、铅球等比较重的器材来练习手臂、手腕的力量,同时与上肢各关节的柔韧性练习结合起来。注意根据运动员的实际情况、练习内容的技术结构特点来选择适宜重量的器材,对练习速度、频度进行适当调整。

(2)双手将球底托住,向上轻抛,双手交替向上挑弹球至额前上方或胸前上方(主要用中间三指);或者双手持球,向上或向前、向下伸展手臂,用双手中间三指快速交替弹点球。注意要不断调整手与球的距离。

（3）篮球场四周各悬挂一个球（或各站一人，每人各持一球），再安排一人站在场地中间作为防守者，防守者根据教练员发出的信号向4个球所在的位置移动，完成打球、挑球。每挑、打球一次后迅速返回场地中间。

三、腰功训练

篮球运动员腰部发力配合完成篮球基本技术以及腰部控制身体平衡的能力就是腰功。在篮球比赛中，运动员要善于运用腰部动作或通过腰部发力去转变身体重心、控制身体平衡，从而更好地完成技术和战术任务。篮球运动员腰功的训练方法如下。

（一）伸展训练法

1. 左右伸展

两脚左右开立，距离大于肩宽，屈膝下蹲，大小腿接近垂直。向右侧伸展时，最主要的要求是左脚掌完全放在地面上，左腿蹬直，同时胸部尽力触碰膝关节，伸展到最大程度。两侧交替重复练习。

2. 上展下屈

两脚左右开立，距离同肩宽，两脚蹬地，屈膝俯身，双臂将两膝抱住，然后迅速起立，向上举起两臂，尽可能伸腰、伸腹，同时提踵。要控制好下蹲与起立的节奏。

3. 持球伸展

两脚左右开立，手中持球，右脚向右大幅度跨步，右手持球向同侧前方充分伸展，左腿直立，全脚掌着地，右膝弯曲至大小腿垂直。然后右腿还原，左腿向左大幅度跨步，右腿直立，全脚掌着地，左手持球向同侧前方充分伸展。

手臂持球不管向左侧伸展还是向右侧伸展,伸展幅度都要达到最大,尽力展腰、展腹、展臂。左右交替时不强调速度多快,关键是伸展要充分,保证动作质量。

（二）转动训练法

1.跨跳转体

两脚开立,两臂在体前举起,稍屈肘,屈膝下蹲准备起跳。起跳时左脚向右前方跨步,腰腹发力带动身体腾空转体180°,落地后再次起跳时,右脚向左后方跨步,腰腹发力带动身体空中转体180°,反复练习。

2.空中转体

两脚开立,两臂在体前举起,稍屈肘,两腿屈膝下蹲准备踏跳,腰腹发力腾空转体180°或360°。落地时,有意识地提腰收腹,控制身体平衡。可逐渐增加练习难度,以增加空中转体的难度为主。

四、脚功训练

篮球运动中移动步伐是最基本的技术内容,移动时腿部和脚步的动作技能是最基本且最关键的技能,这种技能就是篮球运动员的脚功。篮球运动员的脚功可以简单理解为脚步的控制能力,就是通过脚步移动而变化身体重心、身体方向、身体的空间位置以及维持身体平衡。良好的脚功与运动员的移动速度、反应能力密切关联,因此要加强训练,具体可以采用以下训练方法,一般要求根据训练需要进行多种方法的综合练习。

（一）转移重心训练法

在篮球比赛中,运动员的任何行动都涉及身体重心的转移,灵活转移身体重心有利于更好地对起动速度进行控制。转移重心的训练方法如下。

1. 左右转移

两脚左右开立,距离大于肩宽,降低重心,上体稍向前倾,放松腰部,抬头,两臂在体侧张开,稍屈肘,两脚掌交替蹬踏而向左、向右移动重心,转移身体重心时,要发挥腰髋的力量,由腰髋发力带动身体转动,感受两脚蹬地、腰髋用力的协调性。

注意在练习过程中,身体重心始终水平移动,防止上下起伏。移动速度适宜,快慢交替,适应不同节奏。

2. 前后转移

两脚前后开立,降低重心,上体稍向前,两臂在体侧张开,根据教练员口号的节奏,脚掌蹬地、踏步,并带动腰髋部位转动,利用腰髋和脚步的力量使身体重心前后转移。

练习过程中需要注意的是认真体会快速起动时重心的变化以及前、后脚掌协调用力的感觉。

3. 上下移动

两脚左右或前后开立,屈膝降低重心,根据教练员的节奏口号蹬地、腰腹屈伸,带动身体重心上下移动。在这个练习过程中,要特别注意腰腹的快速屈伸,同时要通过屈膝到大小腿夹角为锐角而使身体重心降到训练要求的程度。

(二)降低重心训练法

1. 跑动中接地滚球

准备半径 3 ~ 4 米的圆形场地,教练员站在场地中心,手持球,练习者在圆弧上匀速跑动,教练员传地滚球,练习者按跑动中接地面球练习的要求接球,然后在跑动中回传球。

2. 跑动中捡地面球

将 3 ~ 4 个球按照等距离放置在半径 3 ~ 4 米的圆上。练习者围绕圆周顺时针慢速跑动,到达球的位置时屈膝,重心降低,将地上的球捡起再放回。然后继续向前跑动捡、放球。

顺时针跑完一圈后,再逆时针跑动,到达球的位置时,两脚前后开立,屈膝俯身捡球。

(三)蹬转训练法

1. 转体

两脚左右开立,距离大约大于肩宽 25 厘米,降低重心,上体微向前倾,稍微抬起两臂,两脚蹬地,转动腰髋,身体在腰腹的带动下左右转动(以前脚掌为轴)。向左转体后,两脚脚尖指向左前方,身体重心尽力达到最低。向右转体后,脚尖指向右前方,身体重心达到最低。

2. 转体跨步

准备姿势同转体练习,以左脚为轴,右脚掌蹬地向左前方迈步,然后利用脚掌蹬踏和收腹的力回到原位。

3. 踝关节蹬转

蹬转练习能够使踝关节变得更加灵活,并为熟练完成各个变向动作打好基础。练习方法为两手叉腰,两脚左右开立同肩宽。双脚提踵,尽可能向上提脚跟。前脚掌支撑身体重心。重复提踵一定次数后,脚跟向外转动张开,再向内收回。

第四章

篮球运动核心技能之技术能力训练与创新

　　篮球技术是篮球的基础,也是篮球魅力的核心来源,高水平运动员出神入化的技术能力是激励年轻运动员训练的动力之一。因此,对篮球技术能力的训练是篮球训练的重点内容。本章将从篮球运动技术特征、篮球运动技术动作方法学习、篮球运动技术训练方法设计以及篮球运动技术训练创新几方面展开分析,希望对提高我国篮球运动员的普遍技能以及教学水平起到一定的促进作用。

第一节　篮球运动技术特征

一、篮球技术的概念

篮球技术是指运动员在比赛中为达到战胜对手的目的,有效运用各种进攻、防守的技术动作的方法。篮球技术是运动员掌握动作的数量、质量以及所具有的体能、智能、战术能力、心理品质的综合表现。

理解篮球技术的同时,还需要理解篮球技术动作的概念,并与之区分。篮球技术动作是指符合篮球运动规则及对抗规律,符合人体生理、解剖、生物力学特点,通过运动训练而形成特定的、规范化的各种身体动作。篮球技术动作是规范化了的技术模型和标准,如投篮、传球、运球等动作。

二、篮球技术的特点

(一)篮球技术的基本特征

1.身体动作与控球的结合

与其他运动项目技术不同的是,篮球运动技术是用手直接对球进行控制,在全身的协调下进行的各种动作。

2.动态与对抗的结合

篮球比赛是在动态条件下和高对抗的节奏中进行的,其中蕴含的快速、多变、灵活、准确体现出了时空争夺的合理性和创造性,这是篮球技术的又一特征。

3. 相对稳定与随机应变的结合

和其他运动项目的技术一样,篮球运动技术有相对稳定的动作环节,它需要运动员随着外界的变化及时应变,因此动作技能比较开放。

4. 规范性与个体差异的结合

运动技术应该遵循科学原理,具有一定规范性,其中某些动作环节的规范性会对技术运用的准确性和效果产生影响,通常必须按照规范来操作。然而,篮球是集体项目,每一名运动员具有个体差异,呈现出不同的特点和风格。因此,在篮球技术训练中,不应过于强调动作的外形,要追求技术动作的实际效果。其实,很多高水平篮球运动员的动作姿势并不规范,但也能获得很好的效果。

(二)篮球技术教学的基本特征

1. 移动迅速快,对抗强度大

从现代篮球的整体发展趋势来看,比赛更加快速,节奏更加迅猛,身体对抗更加激烈,空间争夺趋于白热化,因此运动员在每一次的攻防对抗中必须快速思考,果断采取行动,快速准确地运用相应技术,否则就会错失良机。这就要求在技术训练中提高技术训练水平,从实战入手,在全速的情况下进行。

2. 多变性、实效性和准确性

篮球运动技术动作不仅丰富多样,而且是多变的。具体来说,是静中求变、动中有变、主动求变、及时应变,表现在节奏、方向、路径、速度、频率和幅度上的变化,最后要求技术动作要有准确性。实效、多变、准确是篮球技术的核心,也是其突出表现。

3. 全面性与组合性

在篮球实战比赛中,技术的运用很少是单独、固定的,基本是多项技术动作的组合运用。在篮球技术训练中,只有全面掌握各项技术,才能在比赛中有更多技术组合可供选择。结合场上具体情况,采取先后组合、同步组合、无球组合、有球组合等策略与方法来控制场上局面,进行针对性的技术使用。

第二节　篮球技术动作方法学习

一、移动技术动作方法学习

（一）起动

重心下移,身体向前倾,臂肘自然弯曲,用后脚前脚掌蹬地,两臂同时配合摆动。前两步用时短,速度快,之后上体慢慢抬起,重心前移（图4-1）。

图 4-1　起动

（二）跑

以变向跑,从右向左变向为例,动作方法如下。
灵活变化方向对攻守任务的完成是有帮助的。变向跑时,最后一步右脚前脚掌内侧为蹬地时的主要着力处,膝盖迅速弯曲,腰左转,上体前倾;重心移动到位,左脚迅速跨向左前方(图4-2)。

图4-2　跑

（三）滑步

以向左侧滑步为例,动作方法如下。

两脚分开比肩宽,屈膝,两臂张开,平视对手。滑步时,右脚蹬地,以前脚掌内侧为着力点,同时向左跨左脚,右脚在左脚落地的同时随同移动,继续根据来球滑步(图4-3)。

图4-3　滑步

（四）急停

以跨步急停为例,动作方法如下。

先向前跨一大步,屈膝,下移重心,稍向后仰身体,使跨步中形成的前冲力有所减缓;接着再跨一步,前脚掌内侧着地,身体转向一侧,稍微向前倾体,两腿共同支撑体重,两臂屈肘自然打开,保持平衡(图4-4)。

图 4-4　急停

（五）转身

两脚分开约同肩宽的距离，屈膝，两脚同时支撑体重。准备转身时，中枢脚支撑重心，提踵，以前脚为轴碾地，同时移动脚用力蹬地，上体随动。注意保持身体平衡。

图 4-5 和图 4-6 分别是前转身和后转身。

图 4-5　前转身

图 4-6　后转身

二、运球技术动作方法学习

（一）高运球

两脚开立，身体前倾（小幅），微屈膝，右臂自然弯曲，右手拍球上方，手臂跟随球移动的节奏上下来回摆动。争取每次拍按球后，使球落在身体右前方（图 4-7）。

图 4-7　高运球

（二）低运球

屈膝，下移重心，上体前倾，主要用手指按拍球的后上方部位，动作应短促有力，注意控制力度，尽量使球弹起后的高度与膝关节齐平（图 4-8）。

图 4-8　低运球

（三）运球急停急起

降低重心，手拍球前上方位置，使球不再运行。急起时，脚充分后蹬，上体迅速向前倾，起动要快，拍球的后上方位置，快速前进（人、球基本同步）（图 4-9）。

图 4-9　运球急停急起

（四）体前变向换手运球

如果防守者准备从右侧突破，运球队员用相反方向的假动作迷惑对方，对方被迷惑后，运球队员突然按拍球的右后上方位置，使球朝左前方反弹，同时向这个方向跨右脚，上体左转，换左手按拍球，加快脚步移动速度，争取成功突破对方的防守（图 4-10）。

图 4-10　体前变向换手运球

（五）转身运球

运球队员遇到右路防守时，左脚迅速向前迈出，并支撑重心，身体迅速后转，寻找机会换左手运球，注意保护好球，突破防守（图 4-11）。

图 4-11　转身运球

（六）背后运球

从右向左变向时，右手把球拉到背后，迅速转腕向身体左侧前方拍按球（右后方），换左手运球，快速向前移动（图 4-12）。

图 4-12　背后运球

三、传接球技术动作方法学习

（一）右手肩上传球

左脚向前迈半步，右手托球引到右肩上方，上臂几乎平行于地面，手腕保持后仰姿势。左肩与传球方向相对，右脚支撑体重，右脚蹬地，转体，右前臂迅速挥摆，手腕前屈，用食指、中指的力拨球。右脚随之向前迈半步，保持身体平衡(图 4-13)。

图 4-13　右手肩上传球

（二）双手接球

注视来球，直臂伸出迎球，两手成一个半圆形，十指分开。手指触球后随球后引、缓冲，保持身体平衡(图 4-14)。注意迎球时两臂的高度根据来球的高度适当调整。

图 4-14　双手接球

四、持球突破技术动作方法学习

（一）原地持球交叉步突破

以右脚做中枢脚从防守队员右侧突破为例,动作方法如下。

两脚开立,微膝,重心下移,持球高度在胸腹之间。突破时,右脚向右前方迈步(小步),待防守者做出相应移动后,右脚快速蹬地向左前方跨步(大步),稍向左转体,向前下方压低右肩,向左前方移重心,向身体左侧引球,左手推按球,左脚迅速蹬地突破对方的防守(图 4-15)。

图 4-15　原地持球交叉步突破

（二）原地持球同侧步突破

以左脚作中枢脚为例，动作方法如下。

准备姿势和突破前的动作要领同上。突破时，用投篮假动作迷惑对方，当对手"上钩"时，迅速向前跨右脚，上体随动，左脚用力蹬地前跨，边运球边突破防守（图4-16）。

图4-16　原地持球同侧步突破

五、投篮技术动作方法学习

（一）原地右手投篮

双脚开立，屈肘，稍屈膝，上体前倾，手腕保持后仰姿势，手心空出，持球于右前上方，左手扶球侧，眼睛看向篮圈。投篮时两腿蹬伸，手腕前屈，食指和中指拨球投出（图4-17）。

（二）跳起右手投篮

两脚开立，膝微屈，上体适度放松，眼睛瞄准篮圈。持球高度在胸腹间,起跳时,重心下移、伸腰、摆臂举球,同时向上跳起,至最高点时右臂伸向前上方,用指端拨球投出。落地时注意适度屈膝,以获得有效的缓冲,准备好抢篮板球或回防(图4-18)。

图4-17　原地右手投篮

图4-18　跳起右手投篮

六、抢篮板球技术动作方法学习

(一)抢进攻篮板球

以外线队员抢篮板球为例,当同伴投篮时,如进攻队员面向球篮,则首先要对球的反弹方向、球的运行速度以及球的落点进行观察与判断,然后朝球的反弹方向突然起动,及时补篮或抢篮板球。若从防守人身后左侧冲抢篮板球,进攻队员面向球篮,右脚向右跨出一步,以假动作迷惑对方,对方做出相应移动后,进攻队员右脚迅速复位并向前跨步绕前,此时身体重心落在左脚。进攻者向防守方挤靠,并伺机跳起抢篮板球(图4-19)。

图 4-19 抢进攻篮板球

（二）抢防守篮板球

以处于外围的防守队员抢篮板球为例。当进攻队员投篮、防守队员面向对手时，进攻队员应观察与判断对方意图，通过转身阻止对方向篮下移动，并抢占有利位置。起跳抢球时，前脚掌充分蹬地，两臂上摆，迅速展体，在最高点伺机抢球（图 4-20）。

图 4-20　抢防守篮板球

七、防守技术动作方法学习

（一）抢球

当进攻队员运球停止或抢到篮板球落地时,防守队员趁其不备伺机迅速抢球。要求动作快、狠、果断,当已经触球或将球控制住时,通过拧、拉和扭转身体的力抢夺球,同时迅速收回手臂。一手在上,一手在下直握,这是抢球的常见手法(图 4-21)。

（二）打球

1.打原地持球队员手中的球

打原地持球队员手中的球主要有两种方法:一种是自上向下打球,

另一种是自下向上打球。

打球时,一般是朝球运动方向的相反方向迎击,主要是为了通过反向合力使击球力量更大一些,从而顺利击落球。例如,当对手持球从胸部以上位置向下移位时,可采用自下而上的打球方法。打球时,击球多用手指、手掌,弹击多用手指、小臂与手腕的力,动作短促而快速,一般不提倡使挥大臂上步抢打的方法(图4-22)。

图4-21 抢球

图4-22 打原地持球队员手中的球

2. 打运球队员手中的球

以右手运球为例,动作方法如下。

在进攻队员运球推进时,防守左脚向左滑步实施抢位堵截战术,当球离开地面弹起时,左手迅速从侧面将球打出,并及时上前抢球,动作必须短促而有力(图4-23)。

图4-23　打运球队员手中的球

3.打行进间投篮队员手中的球

进攻队员运球上篮时,防守队员侧身跟随运球队员,当进攻者起步上篮跨出第二步,把球移到腰腹部位时,防守队员通过自上往下的斜击方法打球。打球手臂打球后要迅速撤离,避免犯规(图4-24)。

可以将这一打球方法的要点总结为以下几点。

第一,跟随移动快。

第二,找准时机。

第三,迅速出手。

第四,手臂迅速撤离。

图 4-24　打行进间投篮队员手中的球

（三）盖帽

"盖帽"前要观察进攻者的投篮动作、身高、弹跳等情况，然后重心降低，迅速移动到位，找准机会实施战略。

当进攻队员跳起投篮时，防守队员要及时起跳，保证身体和手臂处于充分伸展状态，当进攻队员将球举到最高点或刚准备拨球时，防守队员果断用手腕、手指的力拨球，将球打落。注意动作幅度要小，但速度要快，为避免犯规，不要下压前臂（图 4-25）。

图 4-25　盖帽

第三节 篮球运动技术训练方法设计

一、移动技术训练方法

(一)沿跳球圈追逐跑

两名球员一组,一人追,一人被追,同时沿跳球圈跑,追者拍到被追球员的背部后,两名球员角色互换继续练习(图4-26)。

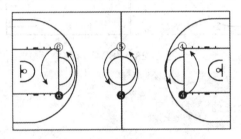

图 4-26 沿跳球圈追逐跑

(二)穿梭跑

穿梭跑练习能够使运动员更加灵活地移动。训练方法如下。

将多个障碍物置于场地中间,如图4-27中的△,练习者从场地端线一侧做好出发准备后,向前穿梭跑,绕过每个障碍物(图4-27)。

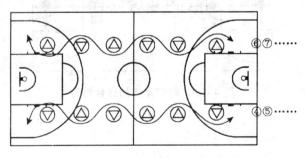

图 4-27 穿梭跑

（三）"8"字形跑

"8"字形跑可提高练习者的移动速度变化能力。训练方法如下。

练习者在场地端线与限制区的交点位置做好起跑准备,绕提前摆好的三个跳球圈向外侧身弧线跑(图 4-28)。

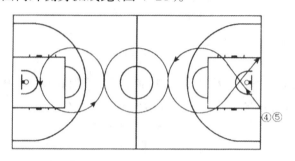

图 4-28 "8"字形跑

（四）防守步法的综合练习

防守步法的综合性练习有助于提高练习者对防守步法的运用效果。训练方法如下。

练习者观察⊗的手势,根据手势指令做不同方向的滑步练习,练习两组,一组 1 分钟,间隔 30 秒(图 4-29)。

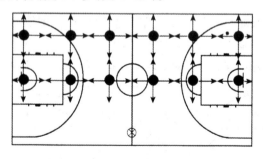

图 4-29 防守步法的综合练习

二、运球技术训练方法

（一）行进间接球转身运球突破

图中的①拉开边线接球，通过转身（前转身或后转身）运球突破的方法应对防守者❶的防守（图4-30）。

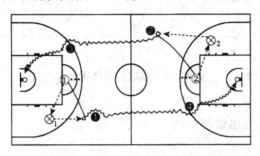

图4-30　行进间接球转身运球突破

（二）全场曲线运球

练习者在短线外各持一球站立，如图4-31所示，向场地另一侧篮下运球，要经过场地上的三个圈，到篮下后迅速上篮，然后按相同的方向将球运回起始位置。

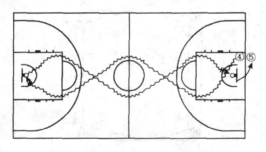

图4-31　全场曲线运球

（三）运球综合技术训练

将练习者分为四队，每队站位如图4-32所示，每队第一人各持一

球,运球向场地中圈行进,到目的地后急停,给相邻一队的第二人传球,
如①传球给⑤,④传球给⑧······每队第二人接球后按相同方法练习。

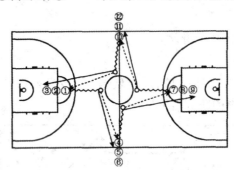

图 4-32 运球综合技术训练

三、传接球技术训练方法

（一）横向移动换位传接球

如图 4-33 所示,四名练习者呈"口"字形站立,同一横向、纵向上
的两名练习者各相距 4 ~ 5 米的距离。④⑤各持一球,④给⑥传球,
⑤给⑦传球,⑥⑦接球后回传,④⑤传球后迅速互换位置接球,④接⑥
的回传,⑤接⑦的回传,此时⑥⑦再交换位置接④⑤的回传球,反复
练习。

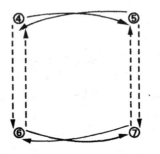

图 4-33 横向移动换位传接球

（二）面对面跑动中接球急停后的传球

将所有练习者分成两队,面向而立,行进间接球急停并传球,而后向

对方队尾跑进(图4-34)。

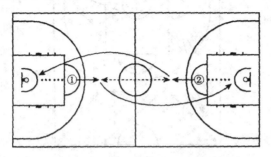

图 4-34　面对面跑动中接球急停后的传球

（三）四角直线传接球

如图4-35所示,将四名练习者安排在半个场区的四个角,给相邻者传球,①给②传球、②给③传球、③给④传球、④再给①回传球,依次进行。

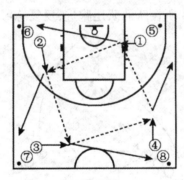

图 4-35　四角直线传接球

（四）四角传球上篮

如图4-36所示,①②③④直线传球,①传②,②传③,③传④,④接球后回传给③,③迅速向篮下切入接球投篮。此练习反复进行。

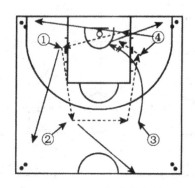

图 4-36　四角传球上篮

（五）三角传接球

　　如图 4-37 所示,将所有练习者分成人数相等的三队,每队纵向队形站好,三个队整体站成三角队形,各排头保持 4 ~ 6 米的间距。排头传球后跑到接球者所在队的队尾,如①给②传球后向②所在队的队尾跑进,②给③传球后向③所在队的队尾跑进,反复练习。

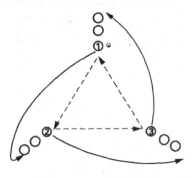

图 4-37　三角传接球

（六）三人快速移动传接球

　　三人两球,站在端线外。如图 4-38 所示,①②各持一球,①传球给③后向前跑动,在跑动中接②的球并回传,再接③的球并回传……,直到跑到对侧端线。

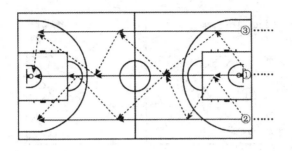

图4-38　三人快速移动传接球

（七）全场二对二传接球练习

每次4人参与练习，攻守双方各两人。进攻方传球后摆脱空切（或摆脱斜插）接球，向对侧篮下运球并上篮，返回时攻守双方互换位置继续练习（图4-39）。

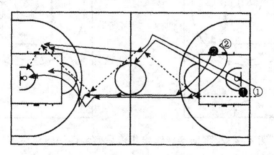

图4-39　全场二对二传接球练习

四、持球突破技术训练方法

（一）有防守的持球突破

如图4-40所示，④向⑤传球，⑤向圆顶斜插同时接球突破，△做好退防准备。④给⑤传球后移动到原来⑤所在位置的队尾，依次反复练习。⑤进攻后移动到⑦的队尾，△完成防守任务后移动到⑥的队尾，注意传球到位，主动接球，降低重心进行突破，保护好球。

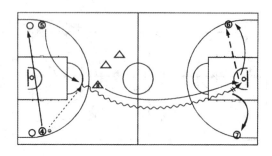

图4-40　有防守的持球突破

（二）移动接球跨步急停后撤步接后转身突破

如图4-41所示，⊗给①传球，①移动接球，篮下跨步急停。❶对①进行防守并伺机抢球，①转身突破上篮，外线队员以此方法进行练习。

图4-41　移动接球跨步急停后撤步接后转身突破

（三）移动中背对篮接球后撤步转身突破

如图4-42所示，内线队员在内中锋位置各持一球。①给⊗传球，⊗再回传，①传球后迅速上插至外中锋位置，背对篮接球，然后向后撤步转身突破上篮。

（四）背对篮后撤步转身运球突破

图中①持球，与栏架背对，向后撤步，转身，以同侧手运球突破上篮（图4-43）。

图 4-42　移动中背对篮接球后撤步转身突破

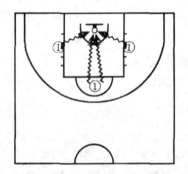

图 4-43　背对篮后撤步转身运球突破

（五）突破补防练习

防守方❶❷❸呈三角队形站立,❶与其他两名防守者之间的距离相同,约 2.5 米,❷❸的间距较小,约 2 米左右。①给⊗传球,⊗再回传,①接回传球突破防守,与其他两名队员补防上篮,然后抢篮板球。进攻方与防守方交替,反复练习（图 4-44）。

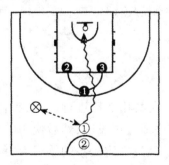

图 4-44　突破补防练习

按上述训练方法可在右侧和左侧分别进行练习,如图4-45、图4-46所示。

图4-45 左侧突破补防　　　图4-46 右侧突破补防

五、投篮技术训练方法

(一)两点移动投篮

如图4-47、图4-48所示,两名球员共用1球进行练习,分别担任传球者和投篮者的角色,投篮时以中、远不同距离为主,练习一定次数后,传球者与投篮者互换角色继续练习。

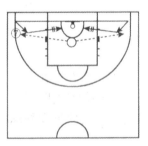 

图4-47 两点移动投篮(1)　　　图4-48 两点移动投篮(2)

(二)底线连续移动投篮

如图4-49所示,4人共用2球进行练习,投篮、捡球各1名,传球2名。②给①传球,①在底线接球投篮,然后快速向另一侧底线移动,接③传来的球后积极投篮。经过一定次数的练习后,角色互换反复练习。

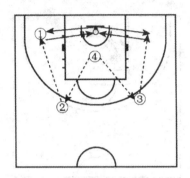

图 4-49　底线练习移动投篮

（三）全场推进后投篮

　　将练习者分成两组，全场以中轴为界，两组各占用一边场地同时进行练习。两组排头直线传球推进，到弧顶附近中投。为加大练习密度，下一组可在上一组过中线时开始推进（图 4-50）。

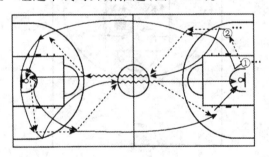

图 4-50　全场推进后投篮

六、抢篮板球技术训练方法

（一）一对一练习

　　两人一组进行练习，一人进攻一人防守。⊗投篮后，进攻方①从防守方身后绕过冲抢篮板球，防守方试图对进攻方进行阻挡并抢篮板球。攻守双方交换角色继续练习（图 4-51）。

图 4-51 一对一练习

（二）二对二练习

二对二练习抢攻、守篮板球练习参考图 4-52。

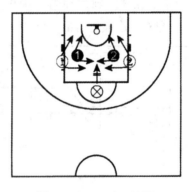

图 4-52 二对二练习

（三）三对三练习

三对三抢攻、守篮板球练习参考图 4-53。

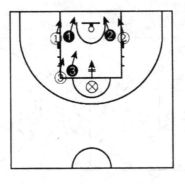

图 4-53　三对三练习

七、防守技术训练方法

（一）防有球队员

1. 全场一对一防运球练习

两人一组，从端线开始，一人负责运球，另一人重点在于防守，二人到另一端线后，交换位置练习，直到返回原端线，反复进行（图 4-54）。

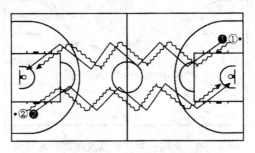

图 4-54　全场一对一防运球练习

2. 全场徒手一对一攻防练习

两人一组，一人负责进攻，另一人防守。开始训练时，两人从场地一侧端线开始向另一端线行进，返程时，两人交换角色，并从另一侧继续练习。第一组到达中线时，第二组开始练习，方法相同，直至所有人都完成练习(图 4-55)。

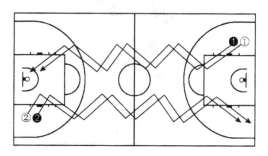

图 4-55 全场徒手一对一攻防练习

(二)防无球队员

1.全场一对一防摆脱接球的练习

两人一组,一攻一守,从端线处开始。进攻者①传球给⊗₁,⊗₁给①回传球,①徒手摆脱❶的防守并接回传球。❶尽可能阻止①接球,并防止其突然加速反跑空切(图 4-56)。

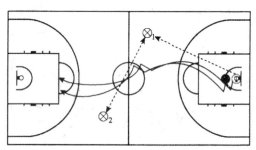

图 4-56 全场一对一防摆脱接球的练习一

当⊗₁传球给⊗₂时,防守者❶立即对防守位置进行调整,始终在有利的防守位置上进行有效防守,如图 4-57 所示。

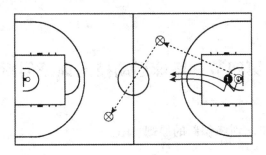

图 4-57　全场一对一防摆脱接球的练习二

2.二对二防掩护的练习

4 人一组参加练习,2 攻 2 守,完成以下不同位置的掩护练习。
第一,防后卫与前锋位置上的掩护(图 4-58)。
第二,防两侧内中锋之间的掩护(图 4-59)。

图 4-58　二对二防掩护练习一

图 4-59　二对二防掩护练习二

第三,防两后卫位置上的掩护(图 4-60)。
第四,防内中锋与后卫的掩护(图 4-61)。

图 4-60　二对二防掩护练习三

图 4-61　二对二防掩护练习四

经过一定次数的练习后,攻守双方互换角色继续练习。

第四节　篮球运动技术训练创新

一、篮球技术训练创新的原则

篮球技术训练一直都是篮球训练的重点内容之一,传统的训练方法固然有效,但是随着竞技体育竞争的日益激烈,在技术训练上必须寻求更多的创新和突破。在尝试技术训练的创新时,需要遵守以下原则。

（1）加强对抗中的技术训练原则。

（2）注重训练技术组合的原则。

（3）注重训练弱手弱脚的应用技术的原则。

（4）注重从内容、形式、方法等全方位的创新原则。

二、篮球技术训练内容的创新

篮球技术训练中,需要重点对以下内容进行创新。

（一）移动技术

现代篮球运动的训练在许多方面都已经发展得非常成熟,因此在创新时需要从更具体和细微处着眼,寻求一些质的突破。比如,当前的贴身防守现象十分普遍,依据这一现状及趋势,在移动技术教学中应重视短距离急停、转身和跨步的训练。

（二）传球技术

在篮球运动中,传球技术也是非常重要的核心技术之一。传球要突然、隐蔽,要与其他技术紧密衔接,为了满足这一需要,应在传球技术训练中将双手头上传球、击地传球重视起来。

（三）突破技术

在篮球技术训练中，运动员的防守步法越来越灵活，且堵截力强，要直接超越对手是很难的，面对这一现实，应将交叉步持球突破、同侧步持球突破作为突破技术的主要教学内容。

三、篮球技术训练方法的创新

（一）增加复杂组合的训练比例

在篮球技术训练中，在基础训练达到一定水平之后，应更多地尝试技术组合的训练，因为只有在组合训练中，才能使运动员的技术水平得到真正的淬炼。在比例安排上，应按照2∶3∶5的比例，即简单组合训练、较复杂组合训练和复杂组合训练所占的比重为2∶3∶5。多多尝试复杂组合训练是快速提升球员篮球技术的有效途径。

（二）加强对球员特长技术的训练

特长技术是指在运动员所掌握的技术系统中，那些超前发展的、十分突出的动作技能。一些优秀的运动员基本上都具有特长技能，如果能够对此加强训练，那么会令运动员的整体技术水平提升一个台阶。因此，教练需要认真发现和发展球员的特长技术，并着重进行训练。同时，球员也应该具有更强的抗干扰能力，不会轻易失常，在比赛中能够保持稳定的发挥，比一般性技术更具有稳定性。

第五章

篮球运动核心技能之战术能力训练与创新

　　篮球战术是篮球运动员在激烈的篮球比赛中发挥个人特长和集体力量的重要手段，篮球战术训练是提高篮球运动员战术能力的重要方法。在篮球运动技能训练中，教练员要根据比赛需要和运动员实际情况制订科学而系统的战术训练方案，并不断加强对战术训练的创新，使运动员在长期坚持不懈的训练与创新中达到很高的战术水平，为提升比赛能力、取得理想的比赛成绩提供技能保障。本章重点对篮球运动战术能力训练与创新展开研究，首先简单阐述篮球运动的战术特征，其次重点对篮球运动战术方法和战术训练方法展开分析，最后探索篮球战术能力训练的创新路径与策略。

第一节　篮球运动战术特征

篮球战术是篮球运动员在比赛中有意识、有组织、有策略地协同运用技术进行攻守对抗的布阵行动,是在一定的战术指导思想和战术意识支配下的集体攻守方法。篮球运动战术包括进攻战术和防守战术两大类型,下面简单分析各自的特点。

一、进攻战术的特点

随着竞技篮球运动的不断发展和篮球比赛竞争性、对抗性的增强,篮球进攻战术行动在速度上越来越快,形式上越来越复杂多变、机动灵活,运动员对大范围移动进攻战术的运用非常频繁。在篮球战术发展的新趋势下,篮球进攻战术呈现出以下特点。

（一）战术形式简单

移动进攻战术是高水平篮球队在比赛中经常采用的进攻战术之一,这类战术的组织形式并不复杂,配合路线不固定,强调连续进攻和有层次的进攻,在移动进攻防守中伺机变被动为主动。

（二）位置分工模糊

篮球运动发展到一定水平和高度后,对不同位置球队的技术能力提出了更为全面的要求,各个位置上的球员都要具备良好的能攻善守、集体协作配合能力。

（三）抢攻越来越重要

随着篮球进攻战术的不断发展,越来越强调强攻的重要性,强攻已成为进攻得分的重要手段。实施具有较强攻击性的强攻战术,能够使对手防不胜防、陷入被动。

二、防守战术的特点

攻击性强、富于变化是篮球防守战术的主要特征。在篮球比赛中,防守方根据需要灵活调整战术,想方设法将对方置于被动位置,令其无法应对。此外,在防守战术的实施过程中双方身体对抗频繁,试图通过贴身压迫使对方无法按计划配合,将持球队员与队友的联系切断。传统的篮球防守战术比较消极被动,而现代篮球防守战术则注重主动攻击、不断变化。

总之,现代篮球防守战术具有以下几个新特点。

(1)将人盯人战术和联防战术结合起来运用,即采用区域紧逼战术进行具有攻击性的防守。

(2)贴身紧逼持球队员,试图断球或创造机会让同伴断球,紧盯持球者,防止其传球或突破投篮。

(3)在远球区和近球区采取不同的战术行动,灵活部署,前者以少防多,后者以多防少。同样,强侧和弱侧采取的战术行动也不同,前者主动夹击,后者以少防多。

(4)组织大范围防守,既防内线,也防持球队员远投。

第二节 篮球战术方法学习

一、基础配合战术方法学习

(一)进攻基础配合

1. 传切配合

传切配合是指利用传球和切入技术所组成的简单配合,主要包括传球和空切。传切配合是通过队员之间利用传球和切入来创造进攻机会，以达到进攻目的。

传切配合的常见方法如下。

如图 5-1 所示，④传球给⑤，然后摆脱△的防守，切入接⑤的回传球并运球上篮。

如图 5-2 所示，⑤摆脱△的防守空切篮下，接④的传球上篮。

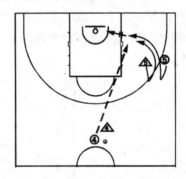

图 5-1　传切配合一　　　　图 5-2　传切配合二

2. 突分配合

突分配合是持球队员运球突破对手后，遇到对方换人、补防或"关门"时，及时将球传给无防守或进攻机会更好的同伴所采用的配合方法。

如图 5-3 所示，④传球给摆脱防守的⑤，⑤接球后向底线运球突破△的防守，并传球给摆脱防守空切内线或底线的④或⑥。

图 5-3　突分配合

3. 掩护配合

掩护配合是进攻者用身体挡住同伴防守者的移动路线,使同伴摆脱防守,获得接球和投篮机会的配合方法。

如图 5-4 所示,根据身体位置和方向的不同,掩护配合可分为前掩护、侧掩护。进攻紧逼人盯人防守时,观察防守者的位置和行动意图,采用前掩护、侧掩护配合,并及时衔接掩护的第二动作,可获得良好的投篮机会。

图 5-4　掩护配合

4. 策应配合

策应配合是内线队员背对或侧对球篮接球后,与同伴的空切或绕过相结合,借以摆脱防守,形成里应外合的进攻配合。

如图 5-5 所示,④持球突破并传球给上提至罚球线的⑤,④纵切,⑥溜底线,⑤再传球给外围的④或底线的⑥。

图 5-5　策应配合

（二）防守基础配合

1. 挤过配合

挤过配合是当掩护者临近的瞬间,被掩护者的防守队员主动靠近对手,并随其移动,从两个进攻者之间侧身挤过,继续防住对手的配合方法。挤过配合的特点是始终靠近对手,防止其接球,但运用时容易犯规。

如图5-6所示,④给⑤做掩护,当④接近△的瞬间,△抢前横跨一步贴近⑤,并从④和⑤之间主动侧身挤过去继续防守⑤。

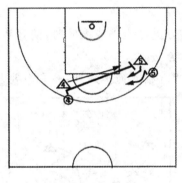

图5-6 挤过配合

2. 穿过配合

当进攻队员进行掩护时,防守掩护者的队员主动后撤一步,让同伴(即被掩护的防守队员)及时从自己和掩护队员中间穿过,继续防守对手,这就是穿过配合。穿过配合的特点是防守者始终离对手不远,又不容易犯规,但需要同伴配合。

如图5-7所示,当④给⑤做掩护时,△上前一步从△和⑤之间穿过继续紧逼防守⑤。

图 5-7 穿过配合

3. 交换防守配合

交换防守是当对方进行掩护或策应时，防守者之间及时交换自己所防守对手的一种配合方法。

如图 5-8 所示，当⑤给④掩护成功，▲和▲要及时交换防守对象。

图 5-8 交换防守配合

4. "关门"配合

"关门"是邻近的两名防守者协同防守持球突破的配合方法，像两扇门一样"关闭"起来，堵住持球队员突破的一种配合。

如图 5-9 所示，④持球向篮下突破，▲和▲采用"关门"配合。

图 5-9 "关门"配合

二、半场人盯人防守战术与进攻半场人盯人防守战术学习

(一)半场人盯人防守战术

1. 半场扩大人盯人防守

半场扩大人盯人防守是一种防守目的明确,主动性、攻击性很强的防守方法。当对方外围投篮准确,突破能力以及全队的整体进攻配合质量较差时,采用半场扩大人盯人防守战术可有效遏制对方的习惯打法,并加强外线防守,切断内外联系,达到"制外防内"的防守目的。但这种防守方法对队员的体能消耗很大,不利于协防,容易漏人。

当比赛由攻转守时,防守队员要严加控制对方反击速度,马上后撤,对方持球队员进入半场后,防守队员通过紧逼放慢其速度,使其无法突破。对于无球队员的防守,位置的选择最重要。

半场扩大人盯人防守的要求如下。

(1)由攻转守时,迅速回防,在球进入 3 分线之前,找到各自的防守对手,并迎上去,当进攻队员进入 3 分线时,紧逼防守,防止突破。

(2)当进攻队员进入罚球线一带时,积极抢前防守,阻挠对方接球,破坏其进攻配合,控制持球队员,运用挤过防守,干扰对方掩护。

(3)当球在两侧或场角进攻时,及时"关门"或补防,迫使底线突破者停球,阻止其通过篮下,利用边角组织夹击防守,高大队员及时绕前防守,控制篮下。

2.半场缩小人盯人防守

半场缩小人盯人防守的控制区域在半场的1/2区域内,它是以加强内线防守、保护篮下为主要目的的防守战术,主要用于对方篮下攻击力较强、外围攻击力较弱的球队,它的防守区域较小,有利于协防,控制内线进攻、抢篮板球后组织快攻反击。

半场缩小人盯人防守的基本方法如下。

（1）围守中锋防突破

如图 5-10 所示,当进攻中锋⑥威胁性较大,而其他外围队员⑦⑤④中远距离投篮不准,但又善于切入时,特别是⑥接到外围⑧的传球,除△全力防守之外,△、△、△都要相应缩小防区。

（2）破掩护、交换防守或协防

如图 5-11 所示,进攻队员⑤将球传给⑦后,⑤去给④做掩护,防守队△和△向后移动穿过去破坏对方的掩护;若对方掩护成功,△和△要及时交换防守,或△随之移动,继续去防④,其他防守队员相应向篮下收缩,进行协防。

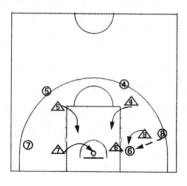
图 5-10　围守中锋防突破

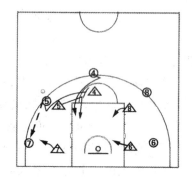
图 5-11　破掩护、交换防守或协防

（二）进攻半场人盯人防守战术

阵地进攻中,根据本队条件、对方防守特点以及选用的战术确定进攻的队形,进攻人盯人防守战术要充分利用基础配合打乱对方的防守体系,并结合个人的攻击能力创造得分机会。常用阵地进攻队形有"3—2"

队形和"1—2—2"队形等。

进攻半场人盯人防守的方法如下。

1. 掩护策应与传切配合

如图5-12所示,⑥传球给⑦,然后去给⑤做侧掩护,④做假动作后插到罚球线上要球,⑧去给⑦做侧掩护,⑦传球给④后,借⑧的掩护向篮下快下,⑤借助⑥的掩护插到圈顶准备策应跳投,④根据情况做策应跳投或传给⑦准备投篮。

2. 掩护突破与空切配合

如图5-13所示,⑥传球给⑤,④提上给⑤做掩护,⑤借助④的掩护持球突破到篮下,同时⑧提上给⑦做掩护,然后转身插向篮下,准备接⑤的分球或抢篮板球,⑦借助⑧的掩护插向底线,准备接⑤突破分球,这样,⑤突破篮下时可以有自己上篮、分球给⑦或④或⑧投篮4个机会。

　　图5-12　掩护策应与传切配合　　　图5-13　掩护突破与空切配合

三、区域紧逼战术与进攻区域紧逼战术学习

(一)区域紧逼战术

1. 全场区域紧逼

全场区域紧逼是综合了全场人盯人和区域联防的优点而形成的一种具有很强攻击性的防守战术。全场区域紧逼一般把球场划分为前、

中、后3个区域，如图5-14所示，常见的阵型如图5-15至图5-18所示。

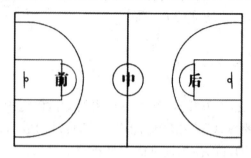

图 5-14　全场区域紧逼场地划分

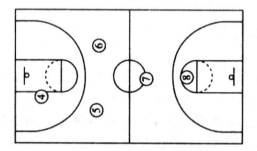

图 5-15　1—2—1—1 防守阵型

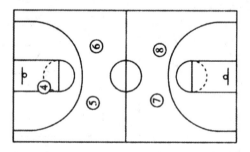

图 5-16　1—2—2 防守阵型

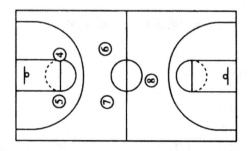

图 5-17　2—2—1 防守阵型

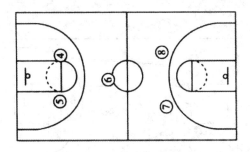

图 5-18　2—1—2 防守阵型

以 1—2—1—1 阵型为例,全场区域防守方法有以下几种。

（1）球在前场时（图 5-19）

当对方掷端线球时,△、△、△完成前区的任务,△防守③,防堵其掷界外球和向④传球。△和△防堵④和⑥接球,当④接球时,△迅速跟进,与△共同夹击④,防止其向中区移动,同时△向中间移动将④向接应队员的传球路线切断,迫使④沿边路运球推进,△在④开始运球时向左侧移动,在中区夹击,△应向左下侧移动准备堵截和补位。

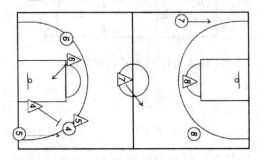

图 5-19　球在前场时的防守

（2）球在中场时（图 5-20）

当④向运球突破进入前场时,△应逼近,紧紧追防。△横向边堵,迫使④运球过中线后停球,并与△共同夹击,同时△从中路退到中区,△要由边路退到后区沿线,△继续向左移动将④和⑧传球路线切断,△和△在中区和后区随时准备补防或断④的传球。

（3）球在后场时（图 5-21）

当④给⑧传球时,△防守,△迅速后撤,与△共同夹击⑧,△向篮下移动,控制对方⑥或⑦进入罚球区接球,同时△下撤,严密防守④,切断⑧给④回传球的路线。△向后区前沿后撤,防守⑤和⑥,并随时准备断球快攻。

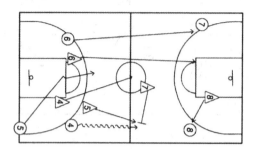

图 5-20 球在中场时的防守

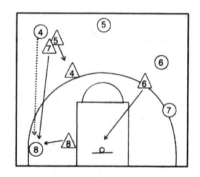

图 5-21 球在后场时的防守

2. 半场区域紧逼

半场区域紧逼是在后场组织的区域紧逼防守战术。

（1）1—3—1半场区域紧逼（图 5-22 ）

当④过中线控球时，△迎上防守，迫使④向侧面运球，这时△要堵住抢前防守，不让⑦接球，并准备与△夹击，△向⑥的左侧移动，防止⑥接球，同时△向有球一侧移动，防守⑧，并准备抢断④传出的球，另一侧队员及时回缩到限制区，防堵④给⑧传球。

如果④传球给向篮下空切的⑦，防守方法为：△迎前防守⑦，△加速回防，与△共同夹⑦，△应向篮下移动，切断⑦向⑧传球的路线，△及时向限制区移动，堵截⑥向篮下空切接球，△适当回缩，防止⑦给④回传球，同时协防⑥，防止⑦给⑥传球。

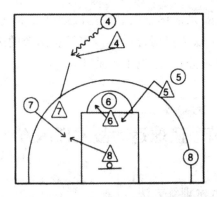

图 5-22 1—3—1 半场区域紧逼

（2）1—2—2 半场区域紧逼

防守中路的△堵截①从中路向篮下突破运球，迫使其向边角传球；①传球给③时，△和△共同夹击，△向中间移动到控制弧顶一带以堵截③向②传球。△向限制区移动，卡位封堵⑤上插策应接球。△保护篮下并堵截④上插策应接球（图 5-23）。

当传球给底角的④时，△与△共同夹击，△回缩到适当位置以控制③和①接球、空切。△移动保护篮下并防止⑤横切。△移动以卡位封堵⑤上插和②空切，并防守②的接应。

如果另一侧队员②和⑤持球时，防守方法相同（图 5-24）。

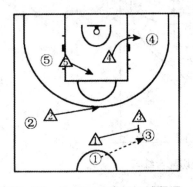 

图 5-23 1—2—2 半场区域紧逼一　图 5-24 1—2—2 半场区域紧逼二

（二）进攻区域紧逼战术

进攻区域紧逼战术是根据区域紧逼防守战术设计的进攻战术，设计和使用该战术要清楚了解防守方的薄弱环节，以己之长攻彼之短。进攻全场紧逼的方法主要是连续采用进攻基础配合战术,包括连续传切进攻法、连续策应进攻法以及传切、掩护、策应等相结合的进攻方法。进攻基础配合方法上面已做分析,这里不再赘述。

第三节　篮球运动战术训练方法设计

一、基础配合战术训练方法

（一）进攻配合训练方法

1.二人传切配合练习

如图 5-25 所示,每组 2 人一球练习,①成功上篮后排在②组队尾,②完成抢篮板球后排在①组队尾,如此反复练习。

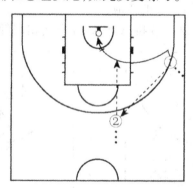

图 5-25　二人传切配合练习

前锋与同侧内中锋的传切配合练习如图 5-26 所示,内、外中锋的传切配合练习如图 5-27 所示。

图 5-26 前锋与同侧内中锋的传切配合练习

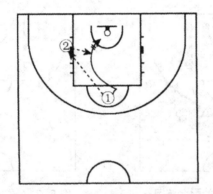

图 5-27 内、外中锋的传切配合练习

2. 交叉空切练习

如图 5-28 所示,3 人一组(两名前锋和一名后卫配合),前锋①通过后卫②将球传给③,然后①立即摆脱切入,②紧随①交叉切入,③根据情况向①或②传球上篮,①、②抢篮板球,然后排到队尾。依次练习。

在图 5-29 中,②接球后,①、③这两名前锋队员交叉切入接球上篮。

3. 运球给无球队员做侧掩护的配合练习

如图 5-30 和图 5-31 所示,2 人一组,②运球给①做侧掩护,并给①传球,①接球后快速突破上篮,此时②转身下顺或冲抢篮板球。

图 5-28　交叉空切练习一

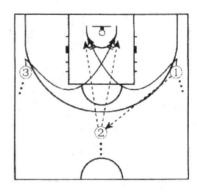

图 5-29　交叉空切练习二

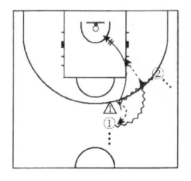

图 5-30　侧掩护的配合练习一

图 5-31　侧掩护的配合练习二

（二）防守配合训练方法

1.抢过防掩护配合练习

进攻队员①向②传球后,掩护③,△迅速从③和①中间挤过防守③。然后②向③传球,③给①传球,③掩护②,防守队员△从②、③中间快速挤过继续防守②(图 5-32)。

2.绕过破坏掩护练习

每组 4 人,攻守各 2 名,进攻队员①给固定传球队员③传球后掩护②,②向中间移动准备接③传来的球,防守②的队员△抢过失败后从①

和△身后绕过继续防守②（图5-33）。

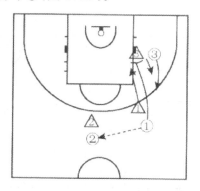

图5-32　抢过防掩护配合练习

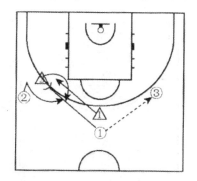

图5-33　绕过破坏掩护练习

二、半场人盯人防守战术与进攻半场人盯人防守战术训练方法

（一）半场人盯人防守战术训练方法

1.半场三防三

①②③负责进攻，△、△防后卫，△防前锋，战术方法如下。

（1）②持球时，△平步紧逼，△、△协助防守。△重点防①，△保护篮下，严防③（图5-34）。

（2）①持球时，△平步紧逼，△、△协防②③，阻止其掩护配合（图5-35）。

（3）③持球时，△平步紧逼，△、△协防①②，阻止其掩护配合（图5-36）。

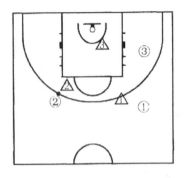

图 5-34　半场三防三练习一　　图 5-35　半场三防三练习二

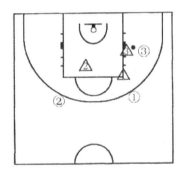

图 5-36　半场三防三练习三

2. 半场四防四

①②③④负责进攻（③④是前锋，①②是后卫），△△△△负责防守相应的进攻队员。防守方法如下。

（1）②持球时，△紧逼防守，△△协防①④，△保护篮下，对③的横切和掩护配合进行阻止（图5-37）。

（2）③持球时，△紧逼防守，△协防①，阻止其接球、纵切以及打掩护配合。△△保护篮下，防守②④，避免其打掩护配合（图5-38）。

（3）④持球时，△紧逼防守，△协防②，阻止其接球和打掩护配合，△△保护篮下，防守①、③，避免其打掩护配合（图5-39）。

进攻队员互传球时，防守方及时移动到位，提高紧逼防守和协助防守的力度。

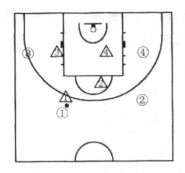 

图 5-37　半场四防四练习一　　图 5-38　半场四防四练习二

图 5-39　半场四防四练习三

（二）进攻半场人盯人防守战术训练方法

1. 前锋策应结合另一侧掩护空切进攻练习

图中②接球后，传球给下压摆脱后上提策应的③，然后围绕到③身前准备接球，另一侧的④利用⑤的定位掩护空切篮下，此时③突然转身给空切篮下的④传球，④接球上篮，③④⑤抢篮板球，①②保持攻守平衡（图5-40）。

2. 外线运球掩护结合中锋插中策应进攻练习

图中②边运球边给③做掩护，并给③传球，③接球跳投或突破上篮，或将球传给左侧内中锋队员⑤，⑤迅速上插外中锋位置接球，与③策应配合。⑤如果没机会与③配合,则转身跳投或突破上篮,然后给左侧队员④传球,④可迅速空切篮下接球(图5-41)。

图5-40　前锋策应结合另一侧掩护空切进攻练习

图5-41　外线运球掩护结合中锋插中策应进攻练习

3. 内线"8"字掩护进攻练习

外线队员①和②做传、接球,②持球时,内中锋队员⑤给前锋队员④做后掩护,④向篮下切入接②的传球并上篮。如果④无法接球,②给①传球,④继续掩护③,③空切篮下接①的传球并上篮。如果③无法接球,继续移动掩护⑤。③④⑤反复移动掩护,伺机进行内线攻击(图5-42)。

图 5-42　内线"8"字掩护进攻练习

三、区域紧逼战术与进攻区域紧逼战术学习

（一）区域紧逼战术训练方法

1. 提高个人抢断球控制面的练习（图 5-43 ）

④⑤⑥站成三角形，▲站在中间，任务是抢断持球队员④向其他两名队员的传球。

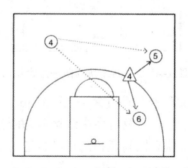

图 5-43　提高个人抢断球控制面的练习

2. 提高个人防守能力的练习（图 5-44 ）

一对一练习。▲迫使④按其防守意图向边线运球，以便于与同伴进行夹击。练习中注意积极移动，堵中放边。

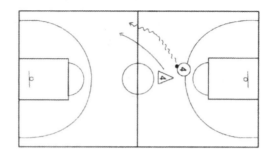

图 5-44　提高个人防守能力的练习

3. 协同防守配合训练

（1）三对三协同防守配合练习（图 5-45）

当⑤向中区运球突破时，🔺迫使⑤停球，并与🔺夹击⑤，此时🔺防止⑤给④回传球，同时🔺补防⑥。

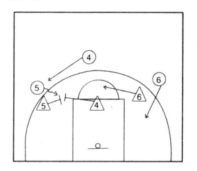

图 5-45　三对三协同防守配合练习

（2）全场四对四轮转补位防守练习（图 5-46）

🔺紧逼④沿边线运球，🔺及时在中线堵截，并与🔺夹击。🔺补防⑤，🔺补防⑦，🔺在④传出球后撤到弧顶附近准备迎防⑥。

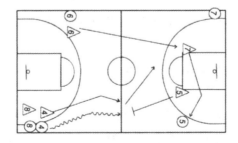

图 5-46　全场四对四轮转补位防守练习

（二）进攻区域紧逼战术训练方法

1. 后场三防二掷端线界外球

该练习能够促进后场以多防少时摆脱接球的能力的提升。

练习方法：④在球场一侧端线掷界外球，⑤接球，⑥掩护⑤，▲▲▲
进行堵截（图5-47）。变换角色反复练习。

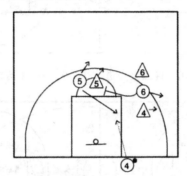

图5-47　后场三防二掷端线界外球

2. 连续策应进攻1—2—1—1区域紧逼

该练习能够提高运动员接界外球和在防守薄弱区域配合进攻及摆
脱夹击的能力。

练习方法：①持球在端线假装给③传球，实际上迅速传给快下且折
回界外的②，①传球后迅速从左侧进场，▲和▲堵截②，②给快速插到
后场罚球线附近策应的③传球，③接球后迅速传给位于中场附近的④。
④接球后再转身传给弧顶附近的⑤。进攻队员传球后快速进入前场，制
造以多打少的机会（图5-48）。

3. 1—2—1—1落位进攻2—2—1区域紧逼

该练习能够提高运动员在防守薄弱区接球的能力和进攻配合及摆

脱夹击的能力。

练习方法：①给②传球，②转身挡住⚠而接球，然后向中线附近的④传球，④再给弧顶附近的⑤传球。此时①和③从两侧边路快下，创造以多打少的机会。若⑤无法成功策应，④持球在中路与从两侧边路快下的①③形成三路进攻。

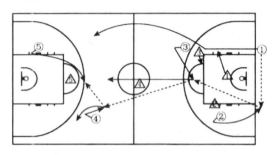

图 5-48　连续策应进攻 1—2—1—1 区域紧逼

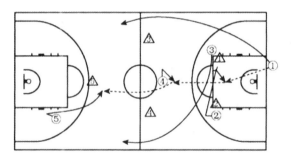

图 5-49　1—2—1—1 落位进攻 2—2—1 区域紧逼

第四节　篮球运动战术训练创新

一、把握篮球战术创新规律

任何事物的变化与发展都有自身的规律，规律是稳定的，不会轻易发生改变。做任何事情，都要遵循事物客观的变化发展规律，这样才有可能事半功倍。事物的创新同样是有规律的，在篮球战术形式与战术训练创新中，必须遵循篮球运动的基本规律，尤其要遵循篮球运动的交互作用规律、交错上升规律以及矛盾相克规律,从而在篮球战术创新中达到事半功倍的效果。下面具体分析篮球战术创新中应遵循的三大规律。

（一）交互作用规律

每个事物的发展都不是孤立的,都会与其他事物发生这样或那样的联系,随着其他事物或借助其他事物的演变而获得发展。篮球战术形式与战术训练的创新也不是孤立的,这离不开篮球运动系统中其他要素的推动以及各要素之间相互交互、相互作用、相辅相成的关系的推动,而篮球技术与战术的发展、创新是与篮球战术训练创新具有最大相关性和最强交互作用的因素。篮球技术是运动员运用与发挥篮球战术的基础,技术的创新是战术创新的基础条件,随着技术的不断发展和水平的不断提高,对战术的创新提出了更高的要求,也为战术创新提供了可能。

篮球战术形式与战术训练的创新除了受技术的影响之外,也受篮球竞赛规则的影响。篮球竞赛规则的不断改革、演进以及完善促进了篮球运动尤其是篮球比赛的发展,也对篮球运动战术的发展造成了一定的限制。篮球竞赛规则的变化和篮球战术创新之间有着辩证的循环关系,二者既相互对立,又相互依存与促进。篮球比赛中有些战术不符合要求,因而提出了相关规则,这是篮球战术促进篮球竞赛规则修改与完善的体现。同时,规则的修改客观上要求改变战术自身的局限性,使运动员的战术行动与规则的要求相符,这是篮球规则促进篮球战术改进与发展的体现。

（二）交错上升规律

交错上升规律是篮球竞赛活动中要求竞争更加激烈、更加精彩、更加吸引人的同时赢得比赛胜利而形成的规律。篮球运动的对抗性极强,比赛双方时刻处于攻与守的对抗中,比赛一方为了克制对方的进攻或防守行动,从本方实际情况出发调整战术,以己之长攻彼之短,采用相应的策略一举突破。在比赛过程中,一方随着另一方战术行动的变化,不断打破本方原有的平衡,重新排列、搭配各种因素,不断调整战术行动,寻找新的平衡点,以顺利应战。

从球队内部进行战术变革,调整战术行动,能够提高篮球比赛水平和增加比赛的观赏性,给观众带来良好的观赏体验。而且,比赛一方战术的改变又会刺激另一方战术的创新,如此循环往复的创新使篮球比赛状况不断更新,也使篮球技术交错上升。

（三）矛盾相克规律

在篮球战术演进与创新发展的过程中一直伴随着对立矛盾的关系,最显著的是进攻与防守的矛盾,进攻与防守的相互对立、相互转换始终存在于篮球比赛的整个过程中,进攻战术的演变与发展对防守战术的发展具有促进作用,反过来,防守战术的提高又有助于改进进攻战术。篮球运动围绕攻防矛盾(相互限制、相互促进)而不断演变、发展及创新。

二、在篮球战术训练方式的创新中坚持"三个结合"

在篮球战术训练方式中,要坚持下列三个结合。

（一）理论和实践结合

在篮球战术训练中,不仅要向运动员讲解篮球战术理论知识,还要使运动员对战术运用和战术训练具有充分的认识,尤其使他们对获得良好比赛成绩的重要性有充分的理解,以此来培养运动员的战术意识,提高其战术思维,使其在比赛中将各种战术灵活运用起来。

（二）技术和战术结合

篮球技术与篮球战术密不可分,在战术训练中必须加强与技术训练的融合,共同实施技术训练与战术训练,而不能顾此失彼。在篮球技术与战术相结合的训练中,在技术训练阶段就要逐渐渗透战术意识,循序渐进地讲解战术的重要性和战术形式,促进运动员战术意识的增强,使运动员的技战术能力同时获得发展。

（三）集中训练和日常训练结合

在篮球战术训练形式的创新中，还要坚持集中训练与日常训练的结合，日常训练中进行一些基本的战术训练，在战术集中训练中以重点战术训练为主，使战术训练更具有系统性。

三、加强篮球战术意识的培养与训练

篮球战术意识是篮球运动员战术能力的重要组成部分，战术意识的强弱直接影响战术行动的优劣，影响战术的发挥效果。因而，在篮球运动战术训练中不可忽视篮球战术意识的培养与训练，尤其是感知觉能力、分析判断能力以及决策能力。

（一）感知觉能力的培养与训练

在篮球运动员感知觉能力训练中，关键要培养运动员收集信息的能力，这需要在技战术训练中融入这方面的训练，与技术训练交叉进行，而不是单独进行此项训练，从而提升训练效果。在篮球技能训练中要培养运动员的感知觉能力，就要多采用"快速接困难球""读数运球"等训练方式，这是提升运动员感知觉能力和反应能力的重要手段。

（二）分析、判断能力的培养与训练

运动训练学中的程序训练法是培养运动员分析、判断能力的一种有效方式，训练难度随着分析因素的不断增加而不断提升。训练初期以低强度训练为主，分析的因素比较单一，之后逐渐增加训练强度，引导运动员分析更多的因素。此外，不仅要训练运动员对个别情况的分析与判断，还要使其学会综合观察到的情况进行整体分析与全局判断，增强运动员对比赛中技战术变化的分析能力，为正确决策奠定基础。

（三）决策能力的培养与训练

一般采用模拟训练、实战训练等方式来训练运动员的决策能力，通常从模拟训练开始，训练强度接近实战，然后向实战训练过渡，训练强度逐渐增加。结合实战进行训练，能够使运动员从场上实际情况出发快速决策、正确决策、合理决策。在模拟与实战训练中，要加强分球练习与破联防战术练习，从而不断考验与培养运动员进行决策的能力。此外，平时也要加强理论知识的传授与培训，使运动员运用专业知识分析与判断场上情况，从而做出最佳决策。

第六章

篮球运动隐性技能训练与创新研究

在篮球运动技能系统中,体能、技术能力和战术能力是显性技能,心理和智能是隐性技能。篮球运动隐性技能训练和显性技能训练同等重要,良好的心理素质是运动员稳定发挥技战术能力的重要条件,智慧的大脑是运动员理解战术意图和在赛场上审时度势的基础保障,因而心理训练与智能训练缺一不可。本章重点对篮球运动隐性技能训练与创新展开研究,具体包括篮球运动专项心理素质、心理训练方法与创新、比赛期心理训练、智能训练与创新以及篮球运动员创新能力培养。在篮球运动技能训练中要将显性技能训练与隐性运动技能训练有机结合起来,促进篮球运动员综合竞技能力的提升。

第一节 篮球运动专项心理素质分析

一、专门化知觉

（一）球感

篮球运动员在长期训练中形成的对球的性质及运动规律的精细感知就是所谓的球感，熟练控制球、随意支配球是运动员球感的具体表现。运动员球感的形成是视觉、触觉、动觉、时空知觉及运动知觉共同参与的结果，这是一种复合感知。篮球运动员只有具备良好的球感，才能在球场上熟练运球、准确投篮。

篮球运动是集体对抗性竞技项目，篮球制胜的关键是同伴间的协同配合。这需要运动员在球场上随时进行全面观察，而运动员在这个过程中要获得更多的自由与主动，要集中注意力观察场上形势并发挥技战术，首先就要具备良好的球感，这是优秀篮球运动员的必备素质之一。

（二）时空感

运动员在球场上对时间特征（场上形势的延续性和顺序性）、空间特征（队友、对手、球篮位置、距离、高度等）的感知就是时空感。篮球运动员只有具有良好的时空感，才能对对手及同伴的行动做出准确的预测和判断，从而迅速争取时间，获得有利空间，掌握主动。篮球运动员良好的时空判断能力在抢断球、抢篮板球等技术发挥中尤其具有重要作用。

二、个人与集体思维

思维能力是篮球运动员战术意识的核心。篮球战术有个人战术和集体配合战术两种类型，相应地，篮球运动员的思维也具有个人思维和集体思维两种类型。

（一）个人思维

思维是借助语言、表象或动作实现的对客观事物的概括和间接认识，是认识的高级形式。[①]篮球运动员在比赛中面临着很多棘手的问题，如如何摆脱、切入、防守，何时投篮等，运动员处理这些问题不能有丝毫犹豫，应果断决策，在这个过程中，运动员会在头脑中对自己掌握的信息迅速进行加工。运动员的思维决策过程是一个行为控制系统，这个系统的核心是信息加工。决策者、决策环境和决策结果是这个系统的三个构成要素，它们之间密切相关。在篮球运动情境中，运动员的个人思维决策过程具有问题的空间性、过程的时间压力、结果的不确定性和即时性等特征。

（二）集体思维

篮球运动员之间在共同目标的引导下，对同一问题情境产生相同概括反映的过程就是所谓的集体思维。在篮球运动中，一切配合行动都建立在集体思维的基础上。队员之间行动一致、默契配合，表现出较强的协同性和互补性，这是集体思维的良好表现，也是思维训练的目标。篮球队高质量完成配合的基础是拥有良好的集体思想，所以对篮球运动员而言，集体思维是非常重要的一种心理素质。

三、情绪

人对客观事物的态度体验及相应的行为反应就是情绪。在篮球运动员最佳心理状态中，情绪稳定是最核心的内容，只有保持稳定的情绪，才能保证正常发挥技战术水平。

篮球运动员的情绪对其技、战术的发挥有直接的影响，对比赛的结果也有很大的影响。因此，要重视对篮球运动员情绪自我控制能力和调节能力的培养，使其能够对自己的不良情绪及时做出调整，避免因情绪过激或其他消极情绪而影响训练与比赛的正常进行。

---

① 　徐伟宏.篮球队伍管理与心理训练[M].北京：知识产权出版社，2013.

四、意志品质

有意识地对行为进行支配、调节,通过努力克服困难来达到预定目的的心理过程就是所谓的意志。顽强性、坚韧性、自控力、果断性、自信心和目标清晰度是意志品质的主要特征与内容。在激烈的对抗中为实现目标而努力克服困难是篮球运动员坚强意志品质的表现。

篮球比赛复杂、激烈,有很多障碍都是意想不到的,比赛的胜负在很大程度上受运动员意志品质的影响。运动员只有拥有顽强的意志品质,才能在激烈的比赛对抗中敢打敢拼,信心充足,向着目标努力,否则会情绪不稳,总是出错,丧失信心。篮球运动员的各种心理能力都表现在意志行动上,可见意志品质具有非常重要的作用,是篮球运动员专项心理素质训练中不可缺少的一部分。

第二节　篮球运动心理训练的方法与创新

一、篮球运动心理训练方法

篮球运动心理训练中可以采用一般的运动心理训练方法,如自我暗示、表象训练、注意力集中训练、自信心培养、增强意志品质、放松练习等。在进行一般心理训练的基础上,要结合篮球运动技术进行专项心理训练,下面主要分析投篮、罚篮和防守的心理训练。

（一）投篮的心理训练

在投篮心理训练中,表象训练法发挥着重要的作用,即借助言语暗示、放录音引导或看录像等方法以唤起已有运动表象。将表象训练运用于投篮心理训练中的具体操作方法如下。

1.建立正确的投篮动作表象

上课时由教练员讲解、示范投篮动作,并以挂图、幻灯、录像等多媒体手段帮助运动员建立正确的动作表象,在模拟和练习技术动作的基础上,要求运动员用自己的语言描述投篮动作。

2.建立"表象—动作"的映射关系

要求练习者在大脑中再现正确的投篮动作图像,并对照自己的这一技术动作找出差异和不足,使自己的动作逐步逼近"表象",从而产生正确的动作定型。

3.建立"表象—动作—思维"的训练程序

表象训练法要求练习者从实战角度建立适应自己身体特点的训练程序,融表象、动作和思维于一体。其要点包括如下。
（1）连贯想象动作的全过程,力求完整、准确、细致。
（2）注意体验投篮时与这一动作相伴随的内心图像以及生理反应。
（3）运用思维的能动性协调心理活动与投篮技术之间的关系,调动更多的心理和技术能量去提高投篮命中率。

（二）罚篮的心理训练

1.罚篮前的心理训练

运动员准备罚篮但是未做投篮动作时,有时心率加快、呼吸过快及头脑清醒度下降,导致罚球慌乱、轻率,特别是在以罚球得分决定胜负的关键时刻心理尤其紧张,导致命中率下降,所以必须重视投篮前的心理训练,方法如下。
（1）运用表象放松法有目的地"深呼—深吸",同时进行冥想训练,回忆投篮的规范动作,通过放慢呼吸频率和冥想练习使心率放慢,注意力集中,使情绪稳定下来,主动调整心理状态。具体训练手段如抢后场篮板球,然后迅速运球至前场罚球区,要求原地拍球 3 次,再做 2 次深呼吸并冥想投篮动作,最后罚篮。

(2)在运动员罚篮时,教练员用诱导训练法提醒运动员身体各个肌肉群依次放松,同时增强呼吸。

2. 罚篮时的心理训练

运动员从罚篮的准备姿势到球出手期间,有时兴奋性和积极主动性受到抑制,出现精神不集中和懈怠、紧张、焦虑甚至恐惧心理,从而影响罚篮命中率。对此,罚球时的心理训练也很重要,方法如下。

(1)运动员用自我暗示法保持自身情绪的稳定性,在罚篮时边默念动作要领,以转移紧张情绪,边做动作,便于动作形成习惯化的动力定型,即在默念"大臂抬,小臂展,手指手腕齐用力"的同时肌肉随之活动;或默念"我一定能罚中""要沉着""不要慌""我能行"等暗示语言,满怀信心地完成罚球。

(2)在运动员进行罚球时,其他队员站在底线处,手持信号旗进行干扰,同时用功率较大的录音机播放嘈杂的声音,或者通过其他队员的喊叫进行语音干扰,从而提高运动员对模拟比赛环境的适应能力,为顺利参赛做好心理准备。

3. 罚篮后的心理训练

运动员完成第一次罚篮后,若没有罚中,在第二次罚篮前心理压力非常大,有自责感,情绪下降,有些队员无法以"平常心"对待失误,失去自信,最后导致第二次罚篮失误。罚篮结束后的心理实际上是反馈的过程,运动员往往会因为前一球的罚中与否而产生心理波动。在训练中,让运动员在罚完一个球后闭上眼,采用念动训练法回想上一个罚篮的动作,思索刚才动作的不足,提醒自己去克服。在训练中要培养运动员的自我激励能力,使其积极进行自我调整,为第二次罚篮做好准备。

（三）防守的心理训练

1. 个人防守心理训练

（1）表象训练

运用表象练习，能更好地预测对手突破或投篮时可能要做的动作。我们可以先了解对手的习惯动作，如防守的对手常在投篮前做假动作，可以表象不被假动作蒙骗，举手以阻止他投篮的过程。如果不了解防守的队员，也可以用表象来训练一对一防守所必需的步法和手上动作，还可以通过表象破坏对手移动的节奏。比如，防守一名左撇子投手，他可能用肩膀向左做假动作，然后从右边过人急停跳投。可以表象自己不被假动作所骗，注意右路的防守，在对方投篮时跳起把手放在其面前，使自己进入正确的心理框架，为防守做准备。

（2）自我暗示

教练应帮助运动员选定适当的提示语，在进行防守的身体或心理训练时，可默念这些提示语。例如，在比赛或训练时由于几次抢断失败而心情低落时，可默念"准确出击"使自己集中注意力。这一心理技能可以帮助运动员把注意力放在最重要的地方，防守时避免产生消极思想和情绪。教练员需不断提醒运动员做积极的自我暗示。

（3）控制注意力训练

在防守方面要想成为"防守专家"，首先要在短时间内把注意集中在一个目标上，这是控制注意力训练的目的，训练中必须充分发挥有意注意的作用，把当时活动所必需的心理过程有序组织起来，使注意的对象有目的地转移。而且，在防守时要能将注意集中在适当范围内。另外，注意集中的准则是"狭窄外部集中"。

2. 集体防守心理训练

（1）表象训练

许多球员都想过在比赛最后关键时刻，自己或球队以强悍的防守赢得比赛胜利的情景。表象训练是想象这种场景最有效的方法。从心理上练习防守时的移动、站位等,有助于提高球员协助队友进行全队防守的水平。全队防守意味着场上每名队员都必须积极参与,一旦了解集体防守计划后,球员必须积极主动地练习防守技战术,并在头脑中反复演练自己的防守任务。例如,可以表象球正在场上移动,你"看见"自己移动到正确的位置,接着抢断了一个传球,随后加速运球、上篮得分,进球后你感到很兴奋,并迅速回到防守位置。运用表象可练习在多种情况下的防守,只需在脑子里反复"播放录像"就可以了。

（2）集中注意力训练

在防守训练时,把注意集中在与比赛有关且有利于全队防守的事情上很重要。注意力集中在对手和球上,使运动员更好地预测对方的移动并做出适当应。在进行全队防守练习时,使用提示语是维持注意力集中在全队防守时的关键点上。心理技能训练对增强篮球运动员防守的稳定性有重要意义,训练中将注意力全部贯注于一个确定的目标上,不为其他干扰分心。具体训练方法可参考常见的注意力集中练习法,如秒表练习等。

（3）意志品质训练

篮球运动员的意志品质具体表现为以情感为动力,用智力来判断,有意识地对自己的行动进行自我调节和控制的心理过程。根据篮球运动防守的特点和训练、比赛的实际需要,篮球运动员的意志品质应具备实现训练、比赛既定目标的坚定性,执行训练、比赛任务的自觉性,完成训练、比赛任务时的主动性,比赛中激烈对抗时的顽强性,比赛中瞬间完成抢断动作的果敢性等,这也是篮球防守心理训练的关键。

二、篮球运动心理训练方法创新

（一）抗挫折训练

竞技篮球比赛对抗强烈,竞争激烈,比分瞬息万变,比赛结果充满悬念,最终有胜利方,也必然有失败方,失败的结果会给运动员带来很大的心理打击。为防止运动员失败后一蹶不振,有必要在日常心理训练中采用抗挫折训练法促进运动员的心理承受能力、抗挫折能力得到增强。

例如,在模拟实战的对抗训练中,裁判员故意判罚错误,让双方比分打平,双方队员继续在强烈的压力下对抗,努力打破比分的相持局面,这是锻炼运动员心理韧性和抗压能力的一种有效方法。

(二)实战训练

实战对抗是篮球运动训练尤其是心理训练的一种特殊方法,该方法模拟真实的比赛环境,直接作用于运动员的心理层,也直接反映运动员的比赛心理状态与心理素质。在实战对抗训练中,教练员可以观察运动员在不同阶段的心理状态和整个比赛过程中的心理变化,准确把握运动员的心理变化规律和常见心理问题,从而采取策略进行具有针对性的调节与干预,强化运动员的参赛心理素质。

在实战对抗训练中,教练员要营造真实的比赛环境,找一支合适的球队来与自己的球队进行交流对抗赛,让运动员全身心投入其中,感受自己在比赛中的"心路历程"和心理状态有哪些明显变化,这些都是运动员心理训练的重要依据和参考,能够为比赛心理训练的有效实施奠定基础。

(三)VR训练

VR技术是一种现代化运动训练手段,已在体育训练中得到广泛应用。篮球运动员的训练心理和比赛心理容易受到外在因素的影响,但在平时的训练中不易构建真实的比赛场景,对外在因素的模拟有较大的难度,这样运动员在日常训练中就容易忽视比赛中外在因素对自己的影响。而应用VR技术可以通过虚拟化的场景让运动员感受真实的比赛环境,体验各种因素对自己的影响,从而对比赛中的外在影响因素有更深刻的认识,更有针对性地调节自己的心理状态。

将VR技术应用到篮球运动员心理训练中,要注意合理筛选要呈现的内容与因素,从而通过还原真实比赛场景来提高运动员实战中的心理控制与调节能力。

第三节　篮球运动比赛期的心理训练

一、篮球运动员参赛的逆境应对训练

逆境应对训练是针对参加高水平比赛的运动员而设计的一种心理训练模式,它是随着运动训练理念的更新和运动比赛水平的不断提高而提出与构建的。逆境应对训练是一种新兴的心理训练模式,该模式中的逆境是指阻碍运动员实现比赛目标的各种情境,应对是指克服或处理逆境的意识与方法。该模式特别强调应对的意识,因为运动员有了意识,则他们的应对就不仅是适应环境式应对,还有改变环境式应对,而且不仅能识别比赛中的逆境,还能预见逆境。[①]

逆境应对训练模式的特点是训练周期有弹性,要求评价应对效果的指标主客观一致,强调教练员的主导性与参与性。在逆境应对训练中,首先要寻找比赛中的典型逆境,然后通过训练成功应对(消除)逆境,该模式的操作程序如图6-1所示。

下面结合图6-1具体分析篮球运动员逆境应对训练的操作方法。

(一)确认或预见典型逆境

篮球比赛中威胁运动员完成比赛目标的逆境被称为典型逆境,也就是关键逆境。一场比赛中的典型逆境有时只有一种,有时有多种,数量不确定。确认典型逆境是指根据已有经验识别和确认逆境,预见典型逆境是指分析评估可能发生的逆境。

比赛中的典型逆境与运动项目特征、比赛环境密切相关,因此可以将典型逆境划分为以下两种类型。

---

① 张忠秋.优秀运动员心理训练实用指南[M].北京：人民体育出版社,2007.

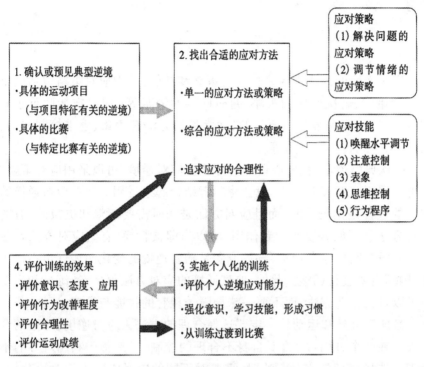

图 6-1 逆境应对训练操作程序示意图 [①]

1. 与项目特征有关的逆境

比赛中的这类逆境既有运动员个人遇到的逆境,也有球队成员共同面对的逆境,如篮球队在比赛中遇到的最难应对的战术是对手采用的全场人盯人战术。

2. 与特定比赛有关的逆境

有些运动员在比赛中遇到的典型逆境是比较特定的,如运动员最害怕的对手出现在比赛中让其感到害怕,或者有些运动员哪怕比分落后一分都感到紧张。

---

① 张忠秋.优秀运动员心理训练实用指南[M].北京:人民体育出版社,2007.

（二）找出应对逆境方法

应对逆境的方法主要是指应对策略和技能,其中应对策略包括调整心态的策略、解决问题的策略、暂时回避的策略等;应对技能侧重于心理技能,以消除逆境为主要目的,如常见的方法有表象、思维控制、自我暗示、集中或转移注意力等。

确认典型逆境后,要以恰当的方法去应对逆境,可以采用应对策略,也可以采用应对技能,但一般会将二者结合起来运用。寻找应对逆境的方法的过程是比较难的,而且应对方法是随时需要调整和更换的,有的应对方法一开始就没有起到作用,所以当即被替换,有些应对方法是在运用一段时间后才发现不合适,或者是随着逆境的变化而表现出不适应性,因而也要进行调整。此外,典型逆境的应对方法很多,教练员和运动员可以自己创造方法,而不要一味局限于现有的技能与策略。

篮球教练员和运动员一定要选择合理的方法去应对逆境,这里的合理表现在两个方面:一是对自身不合理的控制,二是善于利用对方的不合理。选择合理的应对方法时,需要对不同的应对方法进行对比分析,筛选最佳应对方法。

（三）实施个人化训练

1.评价逆境应对能力

在个人化训练的开始,要先评价训练对象应对逆境的能力,这方面的评价主要从三个维度展开,包括逆境出现之前对逆境的预见力;遇到逆境后对逆境的承受力以及应对逆境时对逆境的控制力。个人应对能力的评价方式主要有观察法、教练员评估法、问卷法等。

2.强化意识,学习技能,形成习惯

（1）强化运动员正确看待逆境的意识,使运动员知道逆境在所难免,属于正常现象。

（2）使运动员学习并掌握应对逆境的方法，并在实践运用中不断修订应对方法。

（3）培养运动员面对逆境的自动化反应能力、积极思维能力、控制逆境的能力以及用实际行动解决逆境的能力，将发挥这些能力培养成为自动化习惯，这是个人化训练的最高境界。运动员在特定逆境中能够表现出这种习惯，以积极的方式去应对预见的或已经产生的逆境。

3. 从训练过渡到比赛

运动员将逆境应对训练中掌握的逆境应对方法和形成的逆境应对能力运用到比赛中，在实战中对方法的可行性、实效性进行检验，并不断调整，促进良好应对习惯的形成与巩固。

（四）评价训练效果

对逆境应对训练效果进行评价时主要从以下三个方面展开。

1. 评价的维度

（1）对意识的评价，运动员是否树立了逆境是正常现象的意识。

（2）对态度的评价，运动员是否以积极态度去应对客观存在的逆境。

（3）对应用的评价，运动员在比赛中是否运用合理的方法去应对逆境以及应对效果如何。

进行以上三个维度的评价时，可采用的评价方式主要有观察法、教练员评估法、问卷法等。

2. 评价的内容

在逆境应对训练效果的评价中具体评价内容有以下几项。

（1）评价应对行为

当出现典型逆境时，运动员的反应能力和应对行为是否有进步，并反映在良好的竞技表现中。

（2）评价合理性

综合逆境应对方法本身的合理性与运动员在比赛中使用专项技能的合理性来评价逆境应对效果,这就要求教练员积极参与逆境应对训练。评价时,要看运动员采用的逆境应对方法是否与其使用的技战术一致,可以提倡运动员大胆尝试和创新,只要能解决问题,不违背规则即可。

（3）评价运动成绩

在评价运动员的逆境应对训练效果如何时,要将运动员的比赛成绩进步情况作为一项标准去检验。这是一项终极检验标准,如果运动员在与典型逆境相配的赛事中运动成绩明显提升,则说明逆境应对训练效果好,反之则说明训练效果有待改进。

二、篮球运动员比赛期间不同阶段的心理训练

（一）赛前心理训练

赛前心理训练和心理建设能够帮助篮球运动员在正式比赛中达到最佳心理状态。赛前心理训练的要点如下。

第一,统计与分析比赛数据,如对手的实力、各位置的实力、最近场次的发挥、对手技战术特点与风格等,通过分析,使运动员清楚对手的基本情况,保持稳定的心理状态。

第二,认真研究、统一确定个人和集体的竞赛目标,建立正确的比赛动机,使运动员在比赛技战术运用方面全面集中注意力,避免运动员情绪过于紧张,防止心理应激超过正常水平。赛前教练员要将比赛方案、攻防要点详细告知运动员,使运动员从战略到战术都能了然于胸。此外,赛前还要对对方和我方弱点做客观剖析,对对方优势做合理评估,从而更好地完成以己之长攻彼之短的目标。

第三,了解运动员的个人目标,密切关注个人目标实现状况,深入分析运动员在训练中的言行,正确引导,使运动员合理宣泄情绪,对运动员的正常心理诉求予以尊重,满足其合理心理需求。

第四,模拟比赛态势,进行模拟训练,设置障碍与难题,锻炼运动员的心理承受力和在压力下正常发挥技战术的能力。在模拟训练中制造干扰因素,锻炼运动员的心理承受力和心理控制力,使其集中精力应对

比赛,努力排除干扰,不被外界因素影响,将最佳水平发挥出来。

第五,赛前加强对运动员意志品质的培养与训练,促进篮球运动员意志品质的增强和决胜能力的提升,为其在比赛中克服困境、坚持完成任务奠定基础。

(二)赛中心理训练

比赛中心理训练的任务是保持赛前形成的适宜竞技状态,同时根据比赛中出现的各种情况进行动态心理调节。在比赛进行中,心理调节的工作复杂而不断变化,一旦对方改变打法,我方队员可能会产生不适应;尤其是比赛中双方的比分胶着,比赛形势瞬息万变,运动员的心理将受到很大冲击。这就要求教练员细致观察运动员的情绪变化情况,并准备好应对各种情况的心理调节预案。

在篮球比赛过程中,利用各个时段的暂停来加速运动员体力和脑力的恢复非常重要,教练员要善于运用积极的调节手段促进运动员心理稳定状态的恢复,如转移运动员注意力,采用一些放松手段来缓解运动员心理过激,为取得比赛胜利打下稳定的心理基础。

(三)赛后心理调节

经过激烈的比赛,运动员难免会出现肌肉酸痛、呼吸急促、疲倦等生理反应,而且心理上也会产生疲劳感,因此比赛结束后要特别重视运动员的身体与心理恢复工作,心理恢复和身体恢复同等重要,不能忽视。比赛结束后的心理恢复会影响运动员后面的比赛发挥和成绩,及时有效的心理干预对运动员维持适宜心理状态和完善个性特征具有重要意义。

在比赛结束后,教练员应仔细观察运动员的心理状态,及时发现运动员的不良情绪,并积极加强心理疏导,帮助运动员恢复适宜心理状态。例如,消除运动员赛后的紧张情绪,有些运动员在比赛结束后一段时间依然消除不了比赛中的情绪紧张状态,这将严重消耗运动员的身心能量,所以教练员要有意识地去转移运动员的注意力,使运动员从比赛情境中脱离出来,恢复正常心理状态。

此外,在篮球比赛结束后,教练员还要引导运动员及时进行自我认知调整,运动员比赛中的临场表现对其自我认知产生很大的影响,如比赛中表现好会夸大自我,表现不好会过度自责,因此在赛后教练员要客观分析、认真总结,肯定每一名运动员的优点,并指出各自的不足,引导运动员形成正确的自我认知,并努力树立一个积极向上的自我形象。

三、篮球运动员比赛期间不良心理与调节

(一)焦虑

焦虑是一种常见的心理反应,它与一般的心理反应相比程度比较重,也就是"过度"。适当的焦虑有利于促进智力的激发、提升,促进身体活动成绩的改善。但如果过度焦虑,胡思乱想,思想悲观,注意力无法集中,则会对正常生活造成严重影响。

运动焦虑是焦虑的特殊表现,指的是运动员在训练和比赛中,对当前的或预计到的潜在威胁情境产生的担忧倾向。运动员过度的运动焦虑会对运动训练和比赛发挥造成不良影响,因此必须及时实施干预。篮球运动员运动焦虑的主要干预方式如下。

1. 理性思考

当遇到焦虑情境时,认真思考自己是否把事情想得过于严重了,面对这种情境,如果不一味悲观妥协,而是想办法处理,是否可以改变处境,使事情向着对自己有利的方向发展,如果可以,那么下次遇到类似的情境时就要以新的思考方式去想应对和处理的策略,换种思维方式可能会使自己"柳暗花明又一村"。

2. 通过想象缓解焦虑

对最担心比赛中出现的焦虑情境加以想象,体验这种焦虑的感觉,尝试与焦虑共存,尽管它会让自己觉得不舒服,但只要不危害生命健康即可。这种想象的方式能够使运动员仿佛置身于真实的焦虑情境中,然后做好应对的准备,心里有底,自信心就能够大大提升。

3. 写日记

篮球运动员养成写日记的习惯有助于减压,在日记中记录烦恼,从中发现压力来源,分析压力的类型,学会放下思想包袱,给自己减压,写完日记之后便会感到一身轻松。

(二)抑郁

抑郁的基本情感特征是低沉、灰暗,症状较轻者表现为心情烦闷、心烦意乱、消沉、郁郁寡欢、状态不佳,症状较重者表现为悲伤、绝望。当发现运动员有轻度抑郁症状时就要及时干预和疏导,以免症状加重,造成严重的后果。

1. 克服抑郁

在帮助篮球运动员预防与克服抑郁困扰方面,教练员发挥着重要的作用,教练员应在运动员心理训练中做好以下工作。
第一,正确引导运动员调节自己的心理。
第二,对运动员多加鼓励,提升其自信。
第三,对运动员乐观积极的人生态度进行培养和引导。
第四,帮助运动员制订难度适宜的个人训练计划。

2. 抑郁的心理疗法

(1)合理情绪疗法
治疗抑郁的心理学方法中,认知心理治疗是非常有效的方法之一,其中就包括合理情绪疗法,具体就是引导抑郁症患者树立正确的信念,形成合理的思维方式,帮助其摆脱不良情绪的困扰,使其心境变得豁然开朗。在采用这一心理治疗法时,要先与抑郁个体进行面对面的交谈,然后对症采取行为矫正技术,对其错误的思考方式和不恰当的认知加以纠正,使其认识到自己所曲解的概念,最终改善其行为方式。

（2）支持疗法

支持疗法也是针对抑郁问题的一种常见心理疗法。心理咨询师运用丰富的心理学知识与抑郁者进行深入交谈，深入抑郁者的内心世界，了解并解决他们的心理问题，帮助患者减轻痛苦，使他们的人生态度、行为方式都发生积极改变。

采用支持疗法的一般程序如下。

首先，倾听抑郁个体的倾诉。

其次，对抑郁个体的错误认知和消极态度进行解释指导。

再次，对个体加以鼓舞。

最后，强调个体要发挥能动性，依靠自己的主观意识与意志力主动摆脱不良心理。

（三）强迫症

强迫症是一种神经症，主要就是强迫症状，自我强迫和反强迫同时存在是强迫症的主要特点。强迫症患者有意识的自我强迫与反强迫之间形成强烈的冲突，从而让患者产生痛苦、焦虑的感受。

强迫症患者产生一种自身反抗与抵触的观念，虽然努力抵抗，但无济于事，有另一种相反的意识支配患者去违反自己意愿，做自己不想做的事。强迫症患者深知这是不正常的神经症，又不能摆脱这种困扰。

对于患有强迫症的篮球运动员，要及时进行心理干预与治疗，在治疗中以精神分析法为主。采用这种方法时，回顾运动员的生活经历与运动生涯，从以往经历中对可能造成强迫症的事件或影响因素进行深刻挖掘，表象与回忆当时的情境、体验，并结合现实对过去有重新的认识，修正错误表象。只有对过去的经历给予重视，才能使篮球运动员重新对待自己的"心结"。

心理学专家在精神分析方面常常采用的心理学手段有催眠、自由联想、释梦等，具体要根据篮球运动员的强迫症状和表现来采取恰当的心理学手段实施有效干预。

第四节　篮球运动智能训练与创新

运动智能是智力的一个组成部分,它指的是运动员以一般智能为基础,运用体育运动理论知识及其他学科知识参加运动训练和运动比赛的能力。篮球运动智能是运动智能的具体表现,是指篮球运动员所具备的篮球知识、分析判断以及技战术配合、技能运用等能力的综合。篮球运动员的运动智能对其运动训练成绩、比赛中的运动表现产生直接影响,加强运动员专项运动智能训练,并不断创新训练方法,能够有效提升篮球运动员的专项运动智能水平,进一步提升其篮球专项素养和比赛能力。

一、篮球运动智能训练的基本要求

(一)一般智能与专项智能的结合

篮球运动员要提高自己的专项运动智能,首先要提高一般智能,这是基础与前提。在一般智能训练中,注意力、记忆力、观察力、想象力、思维力等都是最基本的训练内容。对这些方面进行全面的训练与培养有利于运动员一般智能的发展,从而为其专项运动智能的发展打好基础。

(二)自身提高与整体发展的融通

在篮球运动智能训练中,运动员应自觉主动地学习相关理论知识,充分认识运动智能训练的意义,从而积极参与这方面的训练。在篮球运动智能训练中,涉及运动生理学、运动心理学、运动解剖学、体育社会学及体育美学等多方面的学科知识,全面把握这些知识,有利于科学指导运动智能训练,提高训练效果。

运动员在学习篮球专业理论知识的同时,还要努力学习其他相关的文化知识。运动员掌握的理论知识越丰富,就越能够对训练实践进行科学指导,提高训练的科学性与有效性。只有理论知识水平与实践技能得到全面提高,运动员才能在比赛中取得优异成绩,才能进一步实现自己的价值。

二、篮球运动智能训练的方法

(一)准备部分的智能训练

在篮球训练课中,运动员都需要先用 20 分钟的时间做一些准备活动,将身体各关节充分活动开,一般教练员不会限制具体的活动方式。运动员可以单独进行准备活动,也可以和队友组成小组共同活动,可进行持球活动,也可以做不持球的练习,丰富多样的活动形式提高了运动员训练的积极性,运动员在自主选择训练方式时充分发挥了自己的主观能动性,也发挥了想象力。

在准备活动这一阶段结束后,教练员可通过一些方式来对运动员的活动效果进行测评,通常采取的方法是测量运动员在 10 秒钟内的脉搏跳动次数,次数在 25 ~ 30 次范围内是比较合理的。通过测量与评价,可以清楚地了解运动员的活动效果,从而有针对性地安排正式的训练活动。

(二)设置比赛"残局"

在即将结束比赛,如还有 3 分钟时间,而且两组比分相差无几时,如何才能领先,如何才能阻止对方领先,这都是双方要共同考虑的问题。对此,教练员应该让运动员自己对进攻与防守的策略进行研究与制定。对于其中一方必须采用的防守形式,教练员可以做一些规定,允许交替运用规定的不同防守方式。此外,教练员可以规定双方先研究进攻策略,然后根据另一方的进攻策略研究自己的防守策略。

这种训练方法对培养运动员的思考能力、创造能力、应变能力、适应能力、协作能力、竞争力、解决问题的能力具有重要的意义。同时,教练员要观察双方的攻守对抗,从中发现一些好的攻守策略,从而对现有的篮球技战术体系进行充实。

（三）组织特殊规则的比赛

组织篮球分组比赛,规定比赛双方各有一名队员每投中一次得5分（罚球除外）,但双方都不知道对方指定了哪名队员,分两节进行比赛,每节5分钟时间,中途安排2分钟的休息时间,教练员负责记分。第一节比赛结束后,将比分公布出来。在2分钟的休息期间内,双方队员共同回忆刚才的比赛情况,然后分析和判断对方哪位队员投中一次得5分,根据自己的判断,在第二节比赛中双方互相抑制对方这名队员的作用。这种训练方法对运动员记忆力、观察力和问题分析与判断能力的培养发挥着重要的作用。

三、篮球运动智能训练创新

（一）引进植移法

篮球运动员在头脑中对其他专项的先进理论、技战术打法进行分析、加工与改造,最终设计出适合本专项特点的理论、技战术打法,这就是引进植移法。引进植移法是培养篮球运动员思维创造力的重要方法,具体包括三种移植类型。

第一,理论植移。将优势球类项目的先进训练理论运用到篮球项目的训练或比赛中,指导篮球训练或比赛活动。

第二,动作植移,借鉴非专项运动的技术特征,赋予专项的动作形态。

第三,战术植移,借鉴非专项运动的战术打法,赋予专项的战术形式。

（二）求异创新法

求异创新法是培养篮球运动员思维创造力的重要方法,常见的运用形式有以下几种。

1. 对比求异

对比两种以上类型相同但细节不同的技战术,寻找共同点,分析不同点,深入认识细节,为在比赛中灵活运用技战术奠定基础。

2. 组合求异

组合求异是通过不同形式的动作组合使战术变化更丰富,以此提高篮球运动员的求异创新能力。

3. 改造求异

改造求异是指捕捉一些非正规但有实效的变异动作并加以改造,使篮球运动员在比赛中通过使用这些动作达到出奇制胜的效果。

(三)多元智能训练

神经学理论指出,人在参与任何一项活动时,都不可能只用到一种智能,运动员参与篮球运动训练同样也是如此。人类的大脑始终以不同的方式不断工作。在篮球运动训练中,运动员会动员自己的智能参与到训练中,且智能活动形式不一。在不同的练习中,篮球运动员都会综合运用多种智能,以此来激发自己的潜能,展现自己的优势,取得更好的训练效果与更优异的成绩。

运动员在篮球运动训练中要充分动用自己的优势智能,而且训练内容和训练任务不同,需要动员的智能也是不同的,动员的智能不同,采取的训练方法和模式自然也就不同。这有利于打破传统的训练模式,促进训练策略与模式的创新,有利于促进思维的发展和想象能力的提高。运动员在动员自己的智能时,要注意其是否有利于实现训练目标,提高训练效果,且是否与自己的个性特点相符。

不同运动员的生长环境、经历、知识水平、心理素质等都是有差异的,因此所擅长的智能也各不相同,而且大都具有良好的多元的智能潜能,这些潜能对运动员在训练中的表现具有重要的影响。根据多元智能理论模式,在篮球运动训练中要尽可能激发运动员的智能潜能,加强不同智能因素的优化组合。

第五节　篮球运动员创新能力培养

一、篮球运动员创新能力培养模式

篮球运动员创新能力的培养模式体现了篮球运动员培养是在教练员与运动员的互动作用下进行的双边活动。教练员发挥重要的主导作用,主要体现为合理设计篮球训练过程和组织训练活动,采用有效的方法促进篮球运动员技术水平的提高,推动篮球训练、篮球比赛的发展。

在我国篮球运动员创新能力的培养中,应着重构建以下三种方式。

第一种,发现模式。发现篮球运动员创新能力的途径有课堂考察、面试考察、专家考察、重点考察、报告考察、举办实践活动等。

第二种,培育模式。培养篮球运动员创新能力的途径有创新意识培养、创新思维培养、创新技能培养、创新情感和创新人格培养以及学研合作教育等。

第三种,激励模式。篮球运动员培养单位开辟广阔渠道来筹措基金,制定基金奖励制度,从而启发培养对象的创新能力,这有助于鼓励篮球运动员创新思维能力的培养,促进篮球人才综合素质的提升,适应篮球运动发展的新趋势。

总之,要推动我国篮球运动的发展,就要加强对篮球运动员及其他篮球人才的创新能力的培养,立足实际来改革体育管理体制和教育体制,积极转变思想,引进新观念,科学建构具有创新性的运动员培养体系,为我国篮球运动的进一步发展提供人才资源。此外,通过培养篮球运动员的创新能力,提高我国篮球运动发展的层次与篮球人才的综合素质。

二、篮球运动员创新能力培养途径

（一）激发篮球创新意识

培养篮球运动员的创新能力，首先要培养运动员的创新意识。目前，我国篮球运动员的创新意识较弱、创新热情不高，其中主要原因表现在以下几个方面。

第一，我国传统篮球教育中不重视培养后备人才的创新意识和能力，忽视了对后备人才创新思维的开发。

第二，篮球教育知识结构单一，后备人才实践能力弱，限制了创新意识与创新思维的形成。

第三，激励和奖励机制缺乏，影响运动员创新的积极性。

鉴于以上原因，培养篮球运动员的创新能力最重要的是从多个层面激发与强化其创新意识，具体方法如下。

（1）加强思想政治教育，增强运动员振兴中国篮球的历史使命感和责任感，激发创新热情。

（2）在创新教育理念指导下优化篮球教育的知识结构和能力结构，将培养创新意识贯穿到各个教育环节中。

（3）建立激励创新机制，给予鼓励和支持。

（二）注重创新教育

树立创新教育观念是开展创新教育的前提条件，创新教育观念主要有以人为本、全面发展、培养创新人才的教育价值观念等。

在体育院校和篮球运动员培养单位开展创新教育，要从根本上切实转变传统上单纯以继承为中心的教育观念，对继承与创新的关系进行正确处理，以人为本，开发运动员的创新能力，培育运动员的创新精神和实践能力，具体从以下几方面努力。

（1）在教育目标上，转变以传授知识、开发智力为中心的教育观念，将传授知识、培养能力以及提高素质融为一体，促进篮球运动员的全面协调发展。

（2）在教学内容上，转变以狭隘的专业教育为中心进行课程系统构建的教育观念，加强基础教育，拓宽教育口径，通过丰富的教育内容促进篮球运动员适应性的增强。

（3）在教学方法上，转变以教师为中心、以灌输知识为主的教育理念，培养运动员的主体意识。

（4）在人才培养模式上，建立多样化创新培养模式，采取科学有效的培养方式提高篮球运动员的创新能力。

运动员培养单位仅仅通过开设几门必修课、选修课和限选课是无法有效培养篮球运动员创新意识和创新能力的，而只有将创新教育贯穿到运动员培养教育的整个过程中才能获得良好的培养效果。运动员培养单位要努力创建有利于培养运动员创新意识和创新能力的教育环境和氛围，使运动员在篮球教学与训练的每个环节中都能潜移默化地受到创新教育，逐步提高创新意识和能力。

总之，要在篮球教育与训练中真正将创新视作教育与训练的出发点和最终归宿，树立创新教育和培养理念，立足于对运动员创新意识与创新能力的综合培养，并将此作为衡量我国篮球运动员培养质量的重要指标之一。[①]

（三）加强实践教学，培养创新能力

篮球创新教育的实施和对篮球运动员创新能力的培养都离不开篮球实践教学，这是培养篮球运动员工程意识、实践能力和创新能力的重要环节，具体从以下几方面着手培养。

（1）通过教学实验、公开课、观摩课、课程设计、校外社会实践等教学实践活动，对运动员的基本学习能力、综合分析能力和创新实践能力进行培养。

（2）在篮球实践教学中对运动员的科学思维方式和严谨学习作风进行培养，提高其观察、分析和解决问题的能力。

（3）不断充实与开发篮球实践教学内容，注重传授具有综合性和创新性的教学内容。

---

① 王峰.现代篮球运动的理论研究[M].北京：人民日报出版社，2013.

（4）加强篮球实践教学与科研的有机结合，建立产、学、研相结合的模式，为我国篮球运动的创新发展提供动力。

（四）实施创造性教学

在篮球运动员教育与培养中，运动员是学习和发展的主体，体育院校和其他培养单位要将运动员学习的主动性、操作的独立性和思维的创造性充分调动起来，特别要重视培养运动员的独立研究能力和创新能力，完善运动员培养制度，建立实施细则，体现篮球教育与人才培养的创新性。创新性篮球教学主要从以下几方面实施。

（1）加强对篮球教育方法的改革，强调师生互动，关注教学对象的个体差异。

（2）鼓励教练与教师发挥自己的创造能力，创建开放式课堂教学环境，增加课堂活力，使运动员勇于表达自己的想法。

（3）充分发挥教师或教练的教育主导作用，综合运用多种教学方法，启发运动员发现问题、分析问题与解决问题，引导运动员主动探索真理，并体验探索的乐趣，激发运动员挖掘篮球新知识和探索新的练习方法的热情与积极性。

（五）培养个性

平庸蕴含于标准化之中，创造性蕴含于个性之中。篮球运动员是在一定的生活、教学、训练和科研环境下实现个性发展的，各种生存环境的相互刺激对篮球运动员个性的形成与发展具有推动作用。一个人做出主动的、独特的反应，某种意义上是由环境不断刺激的结果，这对个体来说，也是发展个性的机会，其个性在特定环境下会得到一定程度的发展。反之，如果个体具有个性化和独特性的表现总被环境否定，则其个性就会自然而然地收敛，甚至失去自己的个性。

我国篮球运动员培养制度中有些细则比较僵硬，对运动员的个性发展造成了阻碍，影响了运动员个性的发挥。在篮球运动员创新教育与培养中，一定要鼓励运动员敢于质疑，勇于发表自己的观点，营造宽松的文化知识氛围，促进他们自由表现。运动员培养单位要建立自由宽松的学术场所，为运动员获取知识信息、相互交流提供平台，并通过举办科学报告会、创新成果展览会和学科竞赛活动等各种活动营造浓厚的学术氛围,激发运动员的创造和探究欲望,以推动篮球运动员创新能力的提升。

第七章

篮球教练员的专业技能培养研究

　　篮球教练员是篮球运动队的主导者,是篮球运动训练的组织管理者与监督者,是篮球赛场上的指挥者。篮球教练员是竞技篮球运动发展中非常重要的角色,是推动篮球运动员发展的一支不可缺少的力量。竞技篮球运动的不断发展对篮球教练员的职业素养和专业技能提出了越来越高的要求,大力培养篮球教练员的专业技能和综合素养,对提高我国篮球运动训练水平、训练成绩、比赛成绩以及培养优秀的篮球运动员人才具有重要意义。本章着重对篮球教练员的专业技能培养展开研究,首先要明确篮球教练员的必备素质,然后重点培养与提升篮球教练员的执教能力、临场指挥能力、组织管理能力以及创新能力。

第一节　篮球教练员的必备素质

无论是高校篮球教练员,还是高水平专业篮球队教练员,都必须具备良好的职业素养。对于篮球教练员来说,必备素质应包括良好的思想道德素质、科学文化知识素养、身心素质以及突出的专业素质。下面具体分析这几项必备素质。

一、思想道德素质

篮球教练员执教的过程也是育人和培养人的过程,因而首先必须具备良好的思想道德素质,具体要求如下。

(1)篮球教练员要具备良好的思想意识与政治素养,不断学习思想政治理论知识,提升自己的思想政治理论水平。

(2)篮球教练员要树立崇高的理想,坚定职业信念,自觉为推动我国篮球事业的发展而终生奋斗、不懈努力、勇于奉献。

(3)篮球教练员要具备良好的道德修养,言行举止要文明、规范,作风良好,以自己良好的品德给运动员树立榜样,成为值得运动员学习和效仿的道德模范。

(4)篮球教练员要拥有良好的职业道德素养,热爱工作、兢兢业业,不畏艰难,勇往直前,敢于探索和创新,有自我奉献精神。良好的职业道德素养能够潜移默化地影响运动员,提升运动员的内在修养。

总之,篮球教练员要具备高尚的思想道德品质,无形中展现自己的人格魅力,在篮球队中树立威信、树立榜样,积极影响运动员,并培养运动员的良好道德素养。

二、科学文化知识素养

良好的科学文化素质也是篮球教练员的必备素质之一。随着现代科技的进步和篮球运动的不断发展,篮球竞技因素也不断拓展,既包含体能与心理的较量、技战术的比拼,也包含智能的较量,运动员的智能水平反映了其科学文化水平,这也对篮球队的指导者——教练员的科学文化素养提出了较高的要求。

拥有良好科学文化知识素养的教练员能够更好地把握球队的建设与发展方向,并进一步培养与提升运动员的智能水平。篮球教练员应该掌握的科学文化知识包括基本的教育学知识、心理学知识、运动训练学、竞赛知识以及与篮球有关的专业知识,如篮球竞赛规则、篮球裁判知识等。

此外,随着中外篮球运动文化的不断融合和篮球运动现代化发展进程的加快,教练员还需要具备一定的外语能力和计算机操作能力。具备外语能力便于出国学习、培训和深造,与国外优秀篮球教练员沟通、交流,学习国外先进的篮球训练方法与经验;掌握计算机操作技能,便于在篮球运动训练中借助多媒体手段进行指导,突出篮球运动训练的直观性,提高篮球训练指导的效果。

三、身体素质

篮球教练员主要从事指导篮球队训练、带队参赛和球队管理等工作,职责的特殊性对其身体素质提出了较高的要求。篮球运动训练是长期系统的过程,有严密的训练计划,训练强度较大,如果教练员没有良好的体能和充沛的体力是很难坚持下去的。篮球教练员在执教中要做大量的动作示范,而且很多执教工作都要投入很多精力与时间,这都需要强健的体魄来支撑其完成各项工作,可见良好的身体素质对篮球教练员非常重要。篮球教练员平时要注意锻炼身体,与队员一起进行体能训练,而且要劳逸结合,充分休息,以充沛的精力投入工作。

四、心理素质

作为篮球运动队的总指挥,篮球教练员在篮球训练、篮球比赛中都扮演着非常重要的角色,他的一言一行都会对队员的情绪产生直接的影响。篮球运动是非常激烈的同场对抗竞技项目,激烈的竞争贯穿于篮球训练和比赛过程中,教练员和运动员都承担着非常大的压力。在这种情况下,不急不躁、理智冷静、乐观积极、果断决策的教练员往往能够对整个球队的训练和比赛产生积极的影响,能够带动团队氛围,使每位运动员都受到鼓舞,保持良好的心理状态。所以说,篮球教练员还应该具备良好的心理素质,包括稳定的情绪、乐观的心态、坚强的意志品质以及健全的人格等,这是其履行教练职责、带好球队、做好临场指挥工作的重要条件。

五、专业素质

篮球教练员必备的篮球专业素质主要包括以下几个方面。

(一)篮球理念

篮球教练员在长期的理论学习和实践活动中逐渐形成的关于篮球教育、训练以及竞赛的理性信念就是篮球教练员所拥有的篮球理念。篮球理念具有相对稳定性,一旦形成,在一定时期内不会发生明显的改变。有些篮球教练员的篮球理念相对较为片面,还需要继续深入学习理论知识,参与实践工作,丰富执教经验,正确把握篮球运动规律,提高篮球专业素养,从而树立与形成科学、先进的篮球理念,并在正确理念的指引下开展工作,把握篮球运动训练的正确方向。

(二)专业技术能力

作为篮球训练的指导者、监督者和篮球运动员人生中重要的导师,篮球教练员应该具备良好的专业技术能力。专业技术能力强,才能在训练中正确示范和指导,使运动员对正确技术方法、动作要点及细节加以掌握,提高运动员的技术水平。

专业技能强、实战经验丰富是篮球教练员指导篮球训练、带队参赛、解决篮球队训练中的问题以及带领球队一起进步与发展的重要条件。拥有良好专业技术能力的教练员才能胜任工作,高质量完成工作任务,这也是教练员能够在篮球队中建立威信、树立学习榜样的前提。

（三）训练和比赛指挥能力

篮球训练和篮球比赛关系密切,训练是为比赛做准备,为了在比赛中取得好成绩。篮球运动员一年中大多数时间都在训练,参赛时间占的比例较少。所以,篮球教练员一年中大量的时间在组织与指导球队训练,为比赛做准备,比赛中教练员也要做好现场指挥与协调工作。篮球教练员良好的训练能力、比赛指挥能力是其履行执教职责和完成比赛指挥任务所必备的素质。

篮球教练员的训练能力主要包括制订训练计划、监控训练过程以及提高训练效果的能力。篮球教练员的比赛指挥能力包括做好赛前准备工作、掌握临场指挥策略与技巧以及赛后总结的能力。在篮球比赛中,教练员的临场指挥能力对最终比赛结果有直接的影响。篮球比赛中,场上形势瞬息万变,教练员要灵活运用各种临场指挥技巧与手段,使球队把握主动权,并能在被动时成功转为主动。比赛过程中,教练员全面观察场上情况,及时发现与理性分析问题,并因势利导,正确判断、果断决策,高效解决问题,将自己的指挥才能充分发挥出来,使比赛朝着对本方有利的方向进行下去,以取得满意的比赛成绩。

第二节　篮球教练员的执教能力培养

篮球教练员的执教能力是在长期的训练和实战中逐渐形成与不断提高的,随着执教年限的增加,经验越来越丰富,并形成了个人执教风格。篮球教练员不能停止学习的脚步,要在训练实践中不断学习、探索、积累和总结,不断提高自己的专业执教能力,与所有队员共同成长。篮球教练员的执教能力主要体现在训练工作中,本节侧重从训练着手探讨篮球教练员执教能力培养与提升的策略。

一、科学制订训练计划

篮球运动训练是有组织、有计划、有目的的,篮球教练员是按照一定计划指导与监督球队训练的,因此在训练前必须科学制订训练计划,具体要做好以下工作。

第一,由于训练是为比赛做准备,因此制订训练计划必须先收集本队与对手的信息,进行对比分析,然后拟定备战策略,提出预期目标。

第二,对球队的所有成员进行思想作风、体能、技战术能力、心理素质、智能水平以及营养指标等各方面的测试与诊断,全面了解球队的现状。

第三,根据测试与诊断的结果制订训练目的、训练任务以及训练效果评价方法。

第四,将篮球训练内容,如体能训练、技战术训练、心智能训练、思想作风培养等确定下来,并提出各项训练的相关要求。

第五,划分训练阶段,系统安排训练内容与各项内容的比例,为不同训练内容配备相应的训练方法与手段,合理设置训练负荷量。

第六,预测训练中可能出现的问题,提前思考解决策略和应对方案。

第七,将能够保证训练任务圆满完成和有效提高训练效益的各种措施、方法纳入训练计划中,并在各个训练阶段灵活运用这些措施与方法来提高训练效果。

二、正确运用示范和纠正错误训练法

篮球教练员向运动员传授篮球技战术方法,培养运动员的技战术能力,必然会采用示范和纠正错误的方法。教练员熟练掌握与正确运用这两种方法,对提高篮球技能训练效果具有重要意义。因此,在篮球教练员执教能力培养中,这两种训练方法的培训必不可少。

示范又包括分解示范和完整示范,分解示范是为了使运动员掌握篮球技术各环节的动作要点,把握好细节,分解示范是为了使运动员连贯完成篮球技术,并将单个技术组合起来去完成相应的战术任务。在示范过程中,一些计算机手段也常常被用到,如技术图片播放、比赛录像播放等,这些现代化手段的运用能够提高示范的效率,边播放边示范,也

能调动运动员学习的积极性。

教练员通过反复讲解与重复示范后，运动员自主练习，教练员在一边观察，及时指出措施，并分析正确动作和错误动作的区分，做好正误对比分析，强化运动员的正确动作概念，指导运动员纠正错误，在重复不断的练习中熟练掌握正确的单个技术动作、组合技术动作以及集体配合方法，为在赛场上完成进攻与防守任务打好基础。

三、正确把握攻防关系

篮球比赛的过程中始终贯穿着进攻与防守的转换，进攻与防守是篮球运动中的一对基本矛盾，它们相互对立，又相互依存、相互统一。攻守矛盾是推动篮球运动发展的重要因素之一。一个优秀的篮球队员应该兼备进攻与防守的能力，能攻善守。但因为各种因素的影响，进攻与防守的发展很难平衡与同步，它们总体上是呈波浪式前进的，这也增加了培养篮球运动员攻守兼备能力的难度。

鉴于篮球进攻与防守的关系，篮球教练员自身要正确把握好篮球进攻与防守的关系，在训练中有意识地将进攻技术、防守技术结合起来训练，也就是采用实战训练法进行综合训练。此外，在篮球比赛中教练员也要基于对球场上双方攻守形势的分析而做好临场指挥工作，指引球队伺机进攻，同时做好防守。

四、根据篮球运动的本质特征指导训练

篮球运动是同场对抗的集体项目，篮球技术是由跑、跳、投等有球和无球技术组成的。在激烈的篮球比赛中，运动员往往需要将单个的篮球技术动作组合起来去进攻或防守，而不是只采用单一的技术动作，否则无法与同伴配合完成任务，也无法展开对抗。因此，在篮球运动训练中，教练员根据篮球运动的这一特点，先安排单个技术动作的训练，当运动员能够准确完成每个单独的技术动作时，再以篮球攻守对抗的规律为依据，对组合技术训练方法进行设计。

篮球组合技术动作训练方法还要结合实战的需要进行设计，从实战出发，突出篮球技术的多元性和技术运用的应变性特征，组合形式灵活多样，优先训练比赛中运用较多的组合技术，同时教练员也要不断创造

新的篮球技术组合方式,以达到意想不到的效果。

五、合理运用比赛训练法

篮球教练员根据篮球运动的基本特征设计篮球训练方法时,还要考虑训练方法的实施是否有利于对运动员对抗能力、配合能力与应变能力以及顽强意志品质的培养,这些都是篮球运动员参加比赛所必备的素质与能力,因而要将这些训练目的融入训练方法的设计中。为了提高运动员的比赛能力,教练员还需要将训练与实战结合起来,运用模拟训练法来锻炼与培养运动员的综合能力。

从实际出发、结合实战是教练员设计篮球训练方法的基本原则,是保障训练方法具有实际意义的基本要求。对运动员来说,比赛训练方法更有趣,比单纯的技术训练有意思,这是一种可以使运动员快速进步、顺利适应比赛对抗压力、比赛环境、比赛节奏以及提高比赛能力的有效手段。篮球教练员要结合比赛需要设计比赛训练法,正确运用这一训练方法来培养运动员的比赛能力,这也是教练员提高自身执教能力和训练能力的重要手段,教练员训练能力的培养和运动员技能的提升是密不可分的。

六、严格要求、科学管理

从竞技篮球运动发展的经验来看,篮球运动员的成功离不开教练员的专业指导、训练监督与科学管理,教练员在执教与管理中适当提高标准与要求,严格要求每一名队员,对所有队员公平对待,最终能够培养一支优秀的、高水平的篮球运动队。

一支优秀篮球队应该是热爱祖国、热爱人民的团队,并体现出朝气蓬勃、奋发向上的团队精神,表现出强大的凝聚力和强烈的集体荣誉感、自豪感,勇于迎接挑战和承担艰巨任务,并为此团结一致、共同拼搏。要培养这样一支优秀的篮球队伍,决不能只停留在制定训练、比赛、文化教育等各种管理制度和平时的督促检查上,而是要在以主教练为首的教练队员的模范带头作用和引导下,敢于严格要求尖子队员,做到全队一碗水端平,并能根据训练和比赛任务,认真贯彻上级方针,结合本队实际情况进行人本管理。

教练员在球队管理工作中应始终把人的因素放在第一位,最大限度地调动运动员的主观能动性,适当采取物质和精神相结合的激励方式(如奖惩、感情、目标和反馈激励等),也可以运用其他一些手段来提高训练管理效果,如营造良好训练氛围、定期参加军训、发挥党员的模范作用、请在篮球事业上有杰出贡献的人才座谈与做报告、检查评比等。

七、加强自我学习和业务培训

(一)自我学习

随着时代的不断发展,竞技篮球运动的发展也呈现出新的局面,篮球教练员只有不停地学习,才能跟随时代的脚步,适应时代的要求,适应新环境,达到新标准,并能提高自身激励队员的能力,对培养优秀的篮球运动队和提高球队的比赛成绩具有重要意义。

教练员学习不仅包括学习新的知识、技战术打法,还包括学习关于球队管理的方法,学习新的体能、技能及心智能训练方法,学习语言表达技巧和沟通交往方法,学习各方面能够提升自己执教能力的知识与技能,从而不断完善自己。

(二)业务培训

教练员的训练能力是执教能力中最重要的一个表现。篮球教练员的专业技术能力本身是比较强的,但有些教练员执教过程中激发运动员训练热情和训练兴趣方面的能力有待提高,有些教练员又因为知识储备不够丰富而影响了训练效果。对此,可以通过加强业务培训来提升教练员的执教水平,充分利用有效资源组织教练员学习、培训,邀请经验丰富的优秀教练员现场教习,从而使教练员将新旧知识融会贯通,更加科学合理地安排训练内容和设计训练方法,提升球队训练效果。

第三节　篮球教练员的临场指挥能力培养

当前,篮球运动继续朝着高、快、全、准、变的方向发展。影响比赛胜负的因素越来越多,在诸多因素中,教练员的临场指挥能力显得尤其重要。教练员临场指挥正确与否,直接关系着球队能否占据主动、发挥优势。优秀的篮球教练员通过准确、灵活地应用临场指挥技巧,可以使整个球队在比赛中保持优势,充分发挥球队的水平,甚至能够使球队在劣势下成功反转,取得胜利。因此,在篮球教练员专业能力培养中,关于临场指挥能力的培养是必不可少的一个环节。篮球教练员临场指挥能力的培养与提升要从赛前准备开始,赛中指挥是关键,比赛结束后还要做好总结工作,赛前、赛中、赛后的各项工作都是密切联系的,缺一不可。下面从这三个方面着手分析篮球教练员临场指挥能力的培养。

一、做好赛前准备工作

"知己知彼"是获胜的基本条件之一,篮球教练员在比赛中的战略部署和正确指挥来源于正确的判断,而正确的判断来源于必要的准备和对各种准备材料的分析。

(一)知己知彼

比赛前,由于比赛的性质、对手、场地、观众等情况的不同,运动员会产生各种不同的心理反应。因此,需要教练员赛前摸清情况,有针对性地进行个别谈话,在了解队员的反应后,组织队员相互交谈,互相帮助,尤其是要力争新老队员间的良好互动,用老队员的经验消除新队员的紧张,同时新队员的冲劲又能刺激老队员的比赛情绪。教练员还必须深入细致地了解本队运动员的身体状况、临战状态,根据各自情况展开工作,帮助运动员明确比赛任务,端正比赛态度,以饱满的热情和充沛的精力参与比赛。

赛事教练员还必须准确了解对手的情况,包括对手的比赛意志、战术风格、配合方式;每个位置上运动员的身高、体重、身体素质、运动能力(弹跳、奔跑)、技术特长及技术不足的地方;主要得分队员、核心队员、主力中锋、阵容配备、替补队员以及对方教练临场指挥能力等。获取这些信息的方式主要有以下两种。

第一,观看对方的比赛。根据比赛日程,组织队员去观察对方的比赛,分析对方的强点和弱点。在观看中做必要的技战术统计,全面分析,做到心中有数。

第二,收集与查阅关于对手信息的新闻报道和各种资料,资料搜集完毕后进行分类整理,从中总结对方在一段时间内的主要战术打法,了解对方的主力阵容和核心队员以及主要得分方式等。

(二)制订比赛计划

教练员客观、全面地分析调查得到的材料与各种信息,对比本方与对方的主要优点和缺点,提出解决问题的主要方法,制订切实可行的比赛方案。在客观分析中,不能片面夸大强队的优势,在肯定对方强点的同时,点出对手的弱点,让本方队员正确对待对方的优势与劣势,防止队员丧失信心。此外,也不能只指出对方的劣势,忽视对方的优势,否则容易使本方队员盲目乐观,失去警惕。总之,要客观真实地分析双方实力。

在确定比赛方案时,教练员要从双方的高度与速度、进攻与防守、内外线、队员的全面技术与特长技术等实际出发,确定比赛的战略思想。设法限制对方长处的发挥,弥补本队的薄弱环节。根据战略思想制订具体的攻防战术打法、主要配合方法和攻击点,组织力量,确定上场阵容,把全队的比赛任务落实到每名队员身上,争取使每名队员的长处和优势都能得到最大限度的发挥,通过优化配置阵容,提升整个队伍的作战能力。

二、熟练掌握临场指挥策略

(一)开局指挥

篮球比赛开局阶段,双方一般都按既定比赛方案"作战",赛前制定的比赛方案是否与场上的实际情况相符,在开局阶段还不能判断,需要通过一定时间的比赛来检验。所以,在开局阶段教练员以观察为主,对对方的攻守优势与不足形成一定的了解,但这个时间不宜过长,而且在下半场开局阶段观察的时间还要适当缩短一些,以尽快获得开局优势,这将对全局的比赛结果产生直接的影响。

一般来说,开局的比赛情形主要有以下三种。

第一,场上情况基本在本队赛前预测的范围内,本队队员正常发挥技术、灵活运用战术,而对方不占优势,所以对方叫暂停的可能性很大,希望以此改变其不利局势。在对方叫暂停后,教练员要利用这个时间提醒本方队员继续按计划比赛,不断巩固战果,也要告知队员对方可能会改变战术,提出本方用什么战术来应对。

第二,本队队员上场后对形势估计不够全面,陷入被动局面,队员的技术得不到充分发挥,战术运用有失偏颇。这时教练员要根据场上情况迅速做出新的决策,及时暂停改变战术,尽快扭转局势。

第三,预定战术基本合理,但某个环节上出现问题,队员技术发挥没有达到预期,场上比分出现拉锯战,这时也需要通过暂停来解决问题。

（二）半场结束前的指挥

半场结束前的打法视场上比分情况而定,一般有以下三种情况。

第一,本队比分领先较多时,警惕队员的松懈情绪,乘胜追击,奠定胜局。

第二,本队比分领先,但领先不多时,提示队员不要失误,稳扎稳打,利用对方战术漏洞,争取扩大比分差距。

第三,本队比分落后时,暂停调整队员阵容和战术安排,尽可能在上半场结束前比分追平或反超,为下半场奠定基础。

（三）中场休息的指挥

篮球比赛上半场结束后至下半场开始前中间休息15分钟,教练员要利用这15分钟的时间回忆、总结上半场双方的比赛情况,分析双方的优缺点,解决需要解决但没有来得及解决的问题。教练员将对方上半场的优缺点清楚地讲给本队队员,并提出本队下半场的比赛方案,调整好本队阵容。另外,也要预测对方在下半场可能采用的战术方案,并提出应对策略,避免本队在下半场开局不利。

中场休息中做好上述指挥工作之后,如果还有时间,教练员还可以通过统计表来说明一些问题,让场上队员简明扼要地谈自己上半场比赛中的表现,总结经验,使每名队员明确自己的重要任务,从而在下半场争取扬长避短,完成任务。

(四)下半场的指挥

经过上半场的比赛和中场休息的总结,下半场比赛往往一开始就进入了高潮阶段,教练员要认真观赛,及时发现对方的漏洞,做出相应的布置和调整,抓住战机,争取全场比赛的胜利。

当距离比赛结束还有 3 分钟时,一般情况下比分落后时可以采用全场紧逼和犯规战术,以争取时间,采取 3 分球进攻或抢断战术等进行反攻,比分领先时可采用 24 秒的进攻战术,充分利用 24 秒组织进攻,消磨时间,减少对方进攻机会。

(五)暂停的使用技巧

在篮球比赛中,双方在上半场和下半场都有两三次申请暂停的机会,这是教练员进行比赛调控和指挥的关键。叫暂停后,教练员可以向本队队员直接提出新要求、新任务,说明重大问题的解决策略。对教练员来说,每一次暂停都有着明确的目的,如布置战术,解决关键问题,改变本队的被动局面,扩大本队的比分优势等。

每次暂停时间为 1 分钟,由于时间有限,教练员布置战术意图或说明关键问题时注意语言须简明扼要,音量要能够使本队所有参赛队员都听得清,而且还要组织好语言,使队员听得明白,便于队员接受与理解新指令。从篮球运动比赛的规律和篮球比赛的实践经验来看,教练员可以在下列情况下使用暂停。

(1)在上半场开局后 5 ~ 7 分钟时。

(2)在上半场的后几分钟时。

(3)下半场的暂停一般时间比较靠后。

(4)在稳定局面,明确攻守战术,争取主动权时。

（5）在胜利情况下队员明显骄傲和失利情况下队员灰心时。

（6）在对方战术变化较大，本队不适应对方打法，战术陷于混乱，接连失利时。

（7）在本队队员产生分歧，打法不统一，进攻不得力，防守有明显的漏洞时。

（8）在激烈争夺过程中双方队员有斗气趋向，出现粗野动作或本队队员急躁时。

教练员使用暂停要注意暂停前先观察对方是否有暂停的意思，从而节省本队的暂停机会，留到关键时刻使用。此外，当比赛双方势均力敌，比分出现拉锯上升时，应该保留一次暂停机会，用于最后关键时刻以解决最关键的问题。

（六）换人的使用技巧

篮球教练员在临场指挥工作中，也要掌握临场组织力量的方法，也就是换人的技巧，及时合理地换人，有助于促进本队战斗力的提升，争取主动和优势，取得最终的胜利。换人的作用非常重要，这从现代竞技篮球比赛中教练员不断换人就能体现出来，所以教练员一定要运用好换人技巧，通过换人达到预期的目的。

暂停有次数限制，换人则没有，教练员可以根据比赛需要和比赛方案随时将场上队员替换下来，比赛关键时刻的换人显得尤为重要，篮球教练员要对什么时候适合换人，什么时候不适合换人以及该替换哪位队员等要有清晰的认识和准确的把握。换人都是有目的的，而不是盲目的，换人的目的是增强本队战斗力、增加胜利的可能。教练员若要换人，需提前向替补队员发出通知，将该队员上场后的主要任务、战术打法等向其明确告知，使其有时间做好思想准备并思考如何完成任务。

教练员运用换人手段后，对于换下来的球员，不能对其置之不理，而应该对其在比赛中的表现进行客观分析，说明优点和不足，重在鼓励，不要训责，否则会对该队员和整个球队的比赛情绪造成影响。被替换的队员在场下要认真观看比赛，客观总结自己的问题，吸取教训，并做好再次上场、替换其他队员的准备。

篮球教练员在临场指挥中必须准确掌握换人的时机，一般常在下列几种情况下换人。

（1）在场上比赛失利,对方连续 3 ~ 4 个回合得分,本队某队员防守不住时。

（2）在双方攻守僵持、比分拉锯时换上本队中远距离投篮较准的队员,以争取主动。

（3）场上某位队员连续犯规,根据其在场上的作用而须处理时。

（4）在对方阵容频繁变化,本队要换人、布置防守,以充分应对时。

（5）在暂停次数用完,又必须传达战术意图时。

（6）在某名队员情绪急躁、发挥失常、严重疲劳和受伤时。

（7）在比分遥遥领先,为锻炼新队员时。

（七）心理调控

篮球比赛不仅是两队运动员的较量,也是两队教练员的较量,对教练员的临场指挥能力是非常大的考验。篮球教练员在临场指挥中观察场上运动员的表现,接收来自球场上的反馈信息,然后根据反馈迅速做出反应,再向运动员释放相关信号,调整运动员的比赛活动。在这个过程中,教练员的心理控制能力非常重要,良好的心理控制能力是篮球教练员在临场指挥中完成思维活动、心理活动以及果断决策的基础条件,是顺利完成临场指挥工作的必备素质。

篮球教练员积极、稳定的心理活动和良好的心理控制能力对其在临场指挥中果断决策、积极鼓励球员、正确指导球队的比赛行动具有重要意义。相反,如果教练员心理控制能力差,心理活动消极、悲观,对球员发脾气,大声喊叫,在场下坐立不安,面部表情凝重,则很难顺利调整球队的整体比赛行动,而且还会给运动员带来消极影响,使运动员意志消沉,消极应战,最后造成不可挽回的局面。

三、做好赛后总结

赛后总结是赛中调控的延续,是篮球教练员临场指挥系统中不可缺少的一环。赛后总结主要是对比赛任务的完成情况做总结,对比赛的经验与教训做总结,并将最后的总结作为安排后面训练工作的重要依据和参考。教练员只有在赛后及时、主动地进行总结,才能真正清楚本队为什么赢、为什么输,成功的经验和失败的教训经过总结都能变成财富。总之,赛后总结是提高篮球教练员比赛调控能力和职业素养的重要手段。

下面简单分析说明篮球教练员在赛后总结的方法与内容。

（一）总结方法

1. 上半场结束后的总结

在上半场比赛结束后,教练员要总结上半场比赛中本队队员的表现,如每位运动员的优点、不足,团队集体协同作战的情况和战术任务完成情况,及时解决运动员的思想问题、心理问题以及技战术发挥的问题,为球队在下半场有更好的发挥与表现打好基础。

2. 整场比赛结束后的总结

整场比赛结束后,教练员要分析球队的成绩和各项指标完成情况,与训练、比赛计划中的预期任务、要求做比较,总结本队获得比赛成功或造成失败的原因,为调整后面训练方案中的指标要求及内容方法提供参考。

（二）总结内容

具体而言,篮球教练员在赛后要总结的内容包括以下几项。

（1）比赛任务是否完成、比赛目标是否实现。

（2）比赛指导思想是否正确,比赛计划是否有效。

（3）分析胜负原因,要具体到各项指标和因素。

（4）总结经验,吸取教训。

（5）临场指挥力度如何,如比赛阵容是否为最佳组合,对暂停和换人的运用是否恰到好处,关键时刻的指挥效果如何等。

（6）运动员的思想和心理状态如何。

（7）分析比赛中本队存在的问题,提出解决方法,并确定在接下来的训练中有重点地训练每名球员的哪些能力与素质。

（8）球员在本次比赛中的表现和最终比赛结果反映了之前训练中的什么问题，在今后训练工作和比赛准备中要从哪些方面努力。

第四节　篮球教练员的组织管理能力培养

篮球教练员是篮球训练活动的组织者，也是篮球队训练、比赛及运动员日常生活的管理者，作为组织管理者的篮球教练员必须拥有良好的组织管理能力，不断优化篮球训练组织形式，改善训练过程和训练效果，提升训练成绩，培养优秀的篮球运动员，打造实力强的篮球队，促进球队的不断强大与可持续发展。

一、篮球教练员对篮球队的多元化管理

篮球教练员在篮球队相关活动的组织管理中，要重点加强下列几方面的管理。

（一）目标管理

从心理学角度来看，情绪是每个人的正常心理表现，但每个人对情绪的控制能力有一定的差异，所以有"勤奋"和"懒惰"之分，而目标管理是针对人的情绪进行管理的最简单高效的方式。教练员通过设立目标和指引运动员训练，能够更好地刺激运动员的积极性，在系统的篮球运动训练中不断设立越来越高的目标对提高运动员的训练效果和促进运动员竞技能力的提升具有重要意义。

（二）训练管理

运动训练是在教练员指导下，为不断提高运动成绩而专门组织的教育活动。教练员对一个球队进行训练和管理，首先应该了解每名队员的特点和全队的风格，然后根据特点和风格制订完整的训练体系，队员

在教练员的指导下执行训练计划,然后逐渐完成训练任务,达到训练目标。在训练过程中教练员要采取各种手段激励运动员保持训练热情,并通过定期定量测试和定性评价来了解运动员的训练成果,对训练模式进行适当调整,或专门调整个别队员的训练状态。

(三)比赛管理

比赛是篮球运动中最具有活力的一项活动,通过比赛可以全面检查训练工作开展的成果,激发运动员的荣誉感和上进心,篮球教练员要根据比赛的性质、特点制订相应的准备方案,认真对待每一场比赛,加强比赛全过程的管理,具体包括以下三个工作步骤。

1. 赛前准备

教练员根据本队情况和对手特点合理安排赛前训练,调整训练节奏,培养队员的参赛精神,制订比赛目标,使队员以饱满的热情和积极的心理状态迎接即将到来的比赛。

2. 赛中管理

在比赛过程中,教练员仔细观察每位球员的状态,及时沟通、调整,面对比赛保持从容冷静,给队员带来精神鼓舞和力量,并做好临场指挥工作,最大程度地发挥团队的实力。

3. 赛后总结

赛后总结要肯定运动员前期训练的成果,也要从运动员在比赛中出现的失误或不足中发现之前训练的问题,提出意见并实施改进措施。

(四)日常管理

日常管理中教练员要依照严格的规章制度约束队员的行为,帮助运动员改正个人不良习惯和对团队发展不利的行为,但要尊重每名队员的个性,在严格管理的同时教练员还要加强与队员的互动与沟通、交流,与队员建立相互信任的友好关系。

二、篮球教练员组织管理能力和管理效益提升的策略

篮球教练员要不断提高自己的组织与管理能力,从而在篮球运动队训练、比赛中充分发挥自己的组织管理职能,提高组织管理效率,提升训练效益和比赛成绩。提升篮球教练员的组织管理能力及其对球队的管理效益关键要从以下几方面努力。

（一）做好思想工作

篮球教练员在执教过程中要善于教人、育人,根据运动员的特点做好思想政治工作,培养运动员优良的体育道德作风。只有使运动员的思想政治素养得到提高,他们才能主动严格要求自己,勇敢克服困难,积极主动地完成训练任务。

篮球教练员开展思想工作时,不要一味地给运动员讲道理,进行枯燥的说教,而应在训练和比赛中发现问题,及时渗透思想教育。教练员要掌握正确的思想教育方法,坚持正面教育,以鼓励为主,并在思想教育中培养运动员的团结合作精神、集体荣誉感、道德素养以及良好的心理稳定性与控制能力等。

教练员在鼓励教育的同时还要根据运动员的个性特点进行适当的批评教育,但批评教育时要因人而异,目的是使运动员认识自己的缺点和错误,使其纠正、克服错误与不足,端正思想,改善行为。在批评教育时,教练员要善于运用委婉的语言、妥善的方法达到教育的目的。

（二）教练员以身作则

篮球教练员是球队训练的指导者和比赛的指挥者,也是球队日常生活的管理者之一,所以必须以身作则,成为运动员的榜样和表率。教练员要求运动员做到的事情,自己必须先做到,而且还要做好。教练员严格要求自己,认真做好每项工作,这将是一种行之有效的隐性管理手

段,对运动员产生潜移默化的影响,使运动员的思想与行为向积极的方向转化。

(三)掌握科学的管理模式

篮球教练员开展管理工作,必须先构建与掌握一种科学的管理模式,并在管理实践中促进管理模式的成熟,不断提高管理效果。优秀的管理者往往更善于用人,选择值得信任的、有能力的人辅助管理,这样不仅减轻了自己的负担,使管理工作有序进行,也锻炼了他人。篮球运动训练与比赛管理比较复杂,涉及诸多问题和环节,如果单靠教练员管理,那么无疑会增加教练员的工作负担,而且也无法保证事无巨细地做好每项工作。因此,篮球教练员要善于培养运动员骨干,将一些管理工作适当交给运动员骨干去做,这也是对运动员的一种锻炼。此外,还要在新老队员之间构建"传、帮、带"的桥梁,这样不仅有利于发挥老队员的经验优势,还有助于培养新力量,最终提升整个球队的水平。

(四)善于激励

篮球教练员在运动员训练与比赛管理中要善于运用激励的方式与技巧,调动运动员的训练与比赛热情。激励与鼓励、表彰是分不开的,掌握鼓励与表扬的技巧可以进一步巩固与强化激励的效果。教练员对运动员要多鼓励、高信任,而且教练员首先要进行自我激励,坚定必胜的信念和树立自信,用积极的心态、坚定的信念激励运动员,这样才能带动整个队伍的热情。在激励时要注意根据不同运动员的个性特征和需求采取不同的激励手段,提高激励的效果。

此外,教练员还需要虚心倾听运动员的意见,反省自己,认识自己的问题,及时纠正与改进,不断完善自我,努力提高自身的训练能力、指挥能力以及管理能力,这样在激励运动员时才更有说服力。

(五)提升协调能力

一支篮球队要顺利进行长期系统的训练,顺利完成比赛,并取得优异的成绩,需要多方面的支持、鼓励与帮助,除了教练员的指导、监督以及管理外,领导层的决策、后勤的支持与基础保障以及医疗团队的专业治疗等都是必不可少的,所以教练员在球队管理中要与各方面的力量密切沟通,做好协调工作,通过多方努力为运动员的生活、训练及比赛提供充分的支持与保障,最终使运动员在比赛中取得令人满意的成绩。

第五节 篮球教练员的创新能力培养

篮球教练员的创新能力是指教练员在一定知识和经验的基础上,通过敏锐的观察,发现训练和比赛中出现的问题,分析问题,采用新的训练和技战术方法解决问题,提高运动成绩,获得创新成果的能力。

对篮球教练员而言,创新能力是非常重要的一项素质,创新能力在教练员综合素质中居于核心地位,是教练员在其他能力基础上形成的综合聚变能力,创新能力与其他各种能力,如管理能力、训练能力、科研能力、认知能力、指挥能力、协调能力等相互联系,教练员创新能力的提升能够促进各种子能力的巩固与强化,其他子能力的发展也能协助教练员创新能力的提升。与教练员创新能力关系紧密的各项子能力如图 7-1 所示。

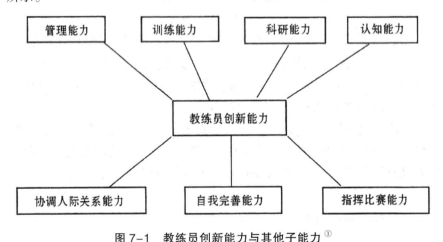

图 7-1 教练员创新能力与其他子能力 [1]

---

[1] 杨垣,蒲亚昆.篮球教练员竞训指导手册[M].昆明: 云南民族出版社,
2007.

　　培养篮球教练员的创新能力时,对创新思维能力、预见能力的培养是关键,下面重点分析这两项能力的培养。

一、篮球教练员创新思维能力的培养

（一）篮球教练员的创新思维

　　思维能力是人们运用知识和思维形式、方法进行思维活动以获取某种思维成果的能力。篮球教练员的创新思维是篮球教练员思维的高级形式,是教练员在有效决策中特有的高级思维过程。篮球教练员的创造性思维具有以下几项基本特征。

　　1. 流畅性

　　流畅性是指篮球教练员在决策过程中短时间内列举出解决问题的多种方案,探索多种可能性,从而提高解决问题的效率。

　　2. 独创性

　　独创性是指篮球教练员在执教、比赛指挥以及管理中所创造的与球队特征相符、能够体现个人执教风格的独特手段和工作方案。

　　3. 变通性

　　变通性是指篮球教练员在工作中不受心理定式的束缚,形成多向性思维的习惯,对决策方案不断优化,力求呈现出最佳决策效果。

　　4. 广博性

　　广博性是指篮球教练员在工作中做决策时能够全面分析问题,对篮球运动相关规律之间的关系与联系进行探索,从而优化球队结构,增强球队比赛能力。

5. 深刻性

深刻性是指篮球教练员思考问题时从根本上深入分析、发现规律，从而制订解决方案。

6. 预见性

预见性是指教练员在制订训练或比赛方案或执行方案前就已经预知到实施方案后可能出现的结果，这既包括教练员对训练或比赛的综合预见，也包括对训练或比赛中特殊情况的预见。

（二）篮球教练员创新思维能力的培养方法

篮球教练员创新思维能力形成与提高的前提是具有探索与创造的内在动机和个性心理特征，这样才能逐渐领悟创新精神，并主动学习知识，开阔眼界，扩大交流，将所学知识运用到工作创新中。篮球教练员有意识地设置探索情境，主动探索解决问题的策略，这就是教练员的创新活动。具体而言，培养篮球教练员的创新思维能力，关键要采取以下策略。

1. 丰富想象力

想象力与创新思维能力是密切关联的，二者相互影响、相互依存，培养篮球教练员的创新思维能力，首先要丰富其想象力。教练员要有发散思维，敢于想象和打破常规，保持好奇心和探索心理，在想象的同时采取行动将美好的想象变为现实。

2. 提高观察能力

篮球教练员能否发现问题、认识事物的本质，发现竞技篮球运动训练、比赛的规律，关键取决于其是否拥有良好的观察能力。教练员要养成随时观察的习惯，提高自己的观察能力，并不断学习，勤于思考，开阔眼界,激发创新思维,从而创造更加先进、有趣、有效的训练方法。

3. 大胆质疑,敢于创新

学起于思,思源于疑,疑诱发探索,教练员只有敢于质疑、否定,才能促进发散性思维的形成,运用专业知识思考问题、解决问题。在篮球教练员创新思维品质的培养中,鼓励教练员质疑、解疑是必不可少的。篮球教练员不要被传统训练模式和比赛形式禁锢思维,要善于在执教和临场指挥中发现疑点,提出问题,并结合球队的实际情况以及客观环境创造更科学有效的训练方式和战术打法。

4. 集智取长

篮球教练员除了自己要有创新思维外,还要善于与其他篮球教练员、篮球运动员及相关人员沟通交流,集智取长,弥补自己的不足,与他人相互补充、借鉴,共同解决疑点和难点。

二、篮球教练员预见能力的培养

(一)预见能力

预见能力是指根据客观事物的已知因素及其发展变化规律,凭借个人的学识与逻辑思维能力,预先推断未来的能力。在激烈的篮球比赛中,篮球教练员决策行为的预见性非常重要。体育运动领域的预见性主要体现在下列两个方面。

第一,对潜在竞争的预知,并能及时做出调整,应对将要发生的事情。

第二,发现新事物将会产生的苗头时,预见其生命力和发展趋势。

对竞争的预判和预测新事物的发展趋势是教练员进行下一步决策的必要条件,只有能够提前预测和预知事物,才能更有效地进行创新活动。

(二)篮球教练员的预见性

篮球教练员的预见性主要分为下列两种情况。

1. 经验性预见

经验性预见是指篮球教练员运用自身已有的篮球经验对之后训练和比赛的预见。经验预见在训练和比赛中有一定的作用,但不能作为制订训练计划和战术形式的决定因素。因为经验性预见具有表象性,没有深入事物的内在,可能会因为传统思维而忽略个别情况。如果篮球教练员完全依靠经验性思维来指导训练和指挥比赛,则可能会限制运动员的发展和发挥。

2. 创造性预见

创造性预见是指篮球教练员通过自身知识结构和创新思维,大胆预测篮球运动的发展趋势。创造性预见是一种能预见到他人还未预见到事情的思维品质,是一种较高层次的预见。篮球教练员应该用发展的眼光创造性地预知篮球运动的发展方向,从而完善训练计划和战术形式。

(三)篮球教练员预见性思维的培养方法

1. 拓宽教练员的思维背景

思维背景主要是指教练员所具有的知识水平、应用能力及思维方式、传统思想等,这些因素直接影响教练员预见的准确性。篮球教练员要不断提高自身素质,优化知识结构、智能结构,高瞻远瞩,准确预见篮球运动的未来发展趋势,提前制订发展和应对策略。

2. 增强教练员的角色意识

教练员的角色意识对其思维活动具有定向、控制和调节等作用,直接影响预见效果。教练员奉献精神、创新精神等角色意识的增强,有助于其更好地发现问题、分析解决问题,并激发认知力,增强在工作中的迫切感和创新意识。

3.发挥教练员的多元思维

预见是一种不定性思维,可能成为现实,也可能无法实现,教练员要努力缩小预见结果和现实结果之间的差距,尽可能避免决策上的失误。这就要求教练员作为决策者全方位、多角度地观察和思考问题,突破思维定式,善于另辟蹊径。

第八章

篮球运动技能训练的科学管理

　　篮球运动技能训练是一个动态变化的复杂系统和创新过程，受到诸多因素的影响，因此要系统地进行篮球技能训练，提高训练成绩和运动员的竞技能力，就必须加强对训练的科学管理，将科学严谨的管理贯穿于篮球运动技能训练的全过程，为达到理想的训练目标提供坚实的保障。本章主要对篮球运动员技能训练的科学管理展开研究，首先阐述运动训练管理的基础理论，然后重点研究篮球运动技能训练管理方法与创新、训练质量监控以及医务监督，从而为教练员有目的、有针对性地开展篮球运动技能训练管理工作提供科学指导。

第一节　运动训练管理理论

一、运动训练管理的含义

运动训练是以教练员、管理者、科研人员等构成的运动训练实施者对运动员进行生理学、心理学和社会学系统改造的过程。运动训练管理则是对这种改造过程的管理,是指管理者为实现运动训练目标,遵循运动训练客观规律,对运动训练系统进行计划、组织、控制以及协调的综合活动过程。[1]

从运动训练管理的概念来看,其具有以下含义。

第一,运动训练目标是运动训练管理的出发点,也是管理的归宿。

第二,运动训练管理者必须遵循运动训练的基本规律来开展管理工作。

第三,运动训练管理是一项综合活动过程,包含对训练过程的计划、组织、控制以及监督等活动。

二、运动训练管理的系统要素

运动训练管理系统由管理者、管理对象、管理环境以及信息四个要素组成,下面展开具体分析。

(一)管理者

在运动训练管理系统中,管理者作为系统运行的主导者和指挥者居于举足轻重的地位,它是管理系统的代表者、系统运行能力的体现者。管理者以决策为核心职能,计划、组织、监督、控制等是管理者开展管理工作时的具体职能活动,而这些都体现在决策中。运动训练管理者必须

---

[1]　明君,郑丽,范锐.运动训练管理学 [M].哈尔滨: 哈尔滨地图出版社,2008.

深入理解和正确把握运动训练及管理的基本规律,具备良好的决策和管理能力。

（二）管理对象

运动训练管理系统以"人"为主要管理对象,主要包括教练员、运动员及其他相关人员。运动训练主要是对"人"的改造,从根本上来看,运动训练过程就是系统改造运动员各方面能力的过程,因此运动训练管理系统将"人"作为最基本最主要的管理对象。

在运动训练管理中,对教练员、运动员思想和行为的管理必须给予高度重视,同时要对管理对象与管理环境的相互作用进行深入分析、准确把握,通过科学管理而挖掘一批优秀的体育人力资源。

（三）管理环境

运动训练管理系统中还包括复杂的管理环境,其主要内容见表 8-1。

表 8-1　运动训练管理环境的内容 [①]

管理环境内容	具体内容
财物保障	财务
	场地器材
	生活服务
科学指导	诊断
	咨询
医学监督	营养
	医务
	恢复

---

① 孙登科.运动训练学 [M].北京：北京体育大学出版社,2006.

续表

管理环境内容	具体内容
管理制度	生活管理制度
	岗位责任制
	会议制度等
项目布局	项目合理布局
	项目管理体制
文化教育	思想政治教育
	文化学习

（四）信息

运动训练管理系统内部和外部的各种相互作用或联系称为信息，具体包括下列两类信息。

1. 内部信息

运动训练管理系统的内部信息是指教练员与运动员之间的相互作用和联系。内部信息又可以分为作用信息和反馈信息。

作用信息是教练员根据运动训练管理目标对运动员产生的各种物质和精神方面的作用，以激发运动员的训练动机，使运动训练管理从初始状态向目标状态转移。

反馈信息是运动员对作用信息的反馈，也是关于运动训练管理效果的反映。作用信息与反馈信息的相互作用和循环往复构成了复杂的运动训练管理实践活动。

2. 外部信息

运动训练管理系统的外部信息是指系统与外部环境的相互作用与联系，它是系统运行、变化的外因和系统对环境作用的功能效果。外部信息可以分为输入信息和输出信息。

输入信息是环境对运动训练管理系统的作用,包括国内外信息以及高层次运动训练管理者的指令。

输出信息是运动训练管理系统对环境的作用,它反映了整个运动训练管理的实际状况,如管理目标的完成情况、管理效益和主要问题等。输出信息体现了整个运动训练管理系统的价值和实际功能作用,同时又是对上级指令的反馈,因此输出信息也是上级管理者有效管理的重要依据之一。

三、运动训练管理的原理

（一）系统原理

系统原理是运动训练管理的基础原理之一,将系统理论运用到运动训练管理中,要求将运动训练管理作为一个整体的系统看待,对系统的基本运行规律要从整体上把握,系统分析和优化各方面的管理问题,并以管理目标和动态变化的管理环境等为依据对系统的运行及时调整和控制,最终促进管理目标的顺利实现。

基于系统原理的运动训练管理是将管理组织作为开放性的社会系统而开展管理工作,管理组织不仅具有一般的系统特征,还具有目的性、集合性和适应性。

1. 目的性

管理组织的目的性是具有代表性的一项特征,管理组织不可能脱离目的性而形成,无论哪种类型的管理组织,其目的都是鲜明而独特的,这是管理组织存在的重要前提。

2. 集合性

任何一个组织的构成都至少包含两个人,社会系统的形成是建立在人际关系和群体关系基础上的。所以,运动训练管理组织系统是一个由诸多因素而组成的集合,并且各个因素之间也是相互影响和制约的关系。

3.适应性

运动训练管理组织要主动适应生存环境,随环境变化灵活调整结构,如果与环境格格不入,无法适应环境,将会走向消亡。管理组织不仅要主动适应环境,还要能动地对环境进行改造,但改造环境必须建立在适应环境的基础之上。

(二)人本原理

人本原理是运动训练管理的重要原理,是从管理角度认识与探讨人的本质属性的科学理论。人本原理的形成与发展经历了漫长的过程,是在深入探索人性理论的过程中产生的。人本原理促进了管理学内容的丰富,给整个管理理论的发展带来了生机与活力。

人本原理指出,在管理系统中,居于核心地位的是人,与人相关的因素是管理系统的首要因素,发挥着重要作用。管理者在开展管理工作时,要对人际关系的处理、维持给予高度重视,将人的能动性和创造性充分调动起来,将管理的根本落在"管理好人的工作"上,使管理对象明确管理目标、明确自身职责与价值,自觉配合管理。

(三)动态原理

动态原理也是运动训练管理的一个重要原理,其含义主要体现在以下两个方面。

第一,管理系统内部的结构、功能是相对稳定的,因此系统的运行也是稳定有序的,但系统内各要素和系统运行的条件有时会发生变化,这时系统也要适时调整。

第二,管理本身是一个独立的系统,但它也是更大管理系统的一个子系统,母系统的变化必然引起管理系统的变化。

从动态原理的含义来看,将动态原理运用到运动训练管理过程中,必须对系统内与系统外的影响因素与制约条件予以考虑。

动态原理的含义具有有序性和适应性特征。

1. 有序性

有序性是指管理组织按照一定的科学规律有序、稳健地运行,而非杂乱无序地运行。系统内各要素按自身发展规律有条不紊地运动,进而使系统有序运动,这个动态循环状态是环环相扣、有始有终的。

随着系统内部环境与条件的变化,系统主动进行相应调整,这时系统的原有运行规律发生变化,这个变化是有计划、有程序的,变化是为了更好地适应环境。

2. 适应性

动态原理具有适应性特征,管理组织本身是一个随环境变化而变化的动态系统。系统内环境与外环境对管理组织有不同程度的影响,对内外环境的变化进行分析,使系统快速适应不断变化的环境,满足内外环境的变化要求,提升动态管理效率。

正因为动态原理具有适应性特征,将动态原理运用到运动训练管理中才能解决管理系统运作中遇到的难题,促进管理系统有条不紊地运作,促进系统适应能力和应变能力的增强。

第二节　篮球运动技能训练管理方法与创新

一、篮球运动训练管理的基本方法

运动训练管理方法主要有行政管理法、宣传教育法、经济管理法、法律管理法、数据分析法等,管理方法丰富多样,在不同运动项目管理中发挥着重要的作用。下面主要分析行政管理法、宣传教育法以及经济管理法在篮球运动训练管理中的运用。

（一）行政管理

行政管理法是按照行政系统的规范,采用行政手段,发挥行政组织的权威性而实施管理的一种方法。在运动训练管理中采用行政管理法时,要对行政组织中的职位、职务、职权、职责给予重视。行政管理方法中常见的行政手段有命令、规定、指示、决议等,行政管理的实施程序一般是上级发布命令,下级执行命令,上级督查命令执行情况,调解处理执行命令中遇到的问题,它们之间是环环相扣的。

在篮球运动训练管理中采用行政管理法时要注意以下几点。

第一,管理者要清楚,服务才是行政管理的本质和根本目的,不以服务为目的的行政管理必然会引起不当行为,如不遵守规章制度和道德规范,存在严重的个人利己主义倾向等。

第二,管理者的素质决定了行政管理的效果,采用行政管理法进行管理,要求管理者具备很高的综合素质,尤其是管理能力要突出,具有以理服人、以德服人的能力。

第三,运用行政管理法时,管理者要统筹全局,提出统一性要求,并建立灵敏有效的信息系统,及时获取有效信息,根据综合分析、判断做出决策。上级管理者既要向下级管理者传达行政命令,又要发送各种预测和反馈信息,为管理工作的开展提供参考。

第四,行政管理法强调职位和职权,所以约束力较强,执行起来比较顺利,容易得到下级执行者的配合。但正因如此,下级执行者的利益要求也常常被忽视,这不利于对下级工作积极性的调动,容易导致下级在执行管理工作时缺乏动力,从而影响管理效率和最终效果。鉴于此,在篮球运动训练管理中要将行政管理法与其他管理方法结合起来使用,取长补短,提升篮球训练管理效果。

（二）宣传教育

宣传教育法是指通过各种形式的宣传教育途径或方法来达到管理目的的方法。宣传教育法具有引导性、说理性、灵活性、多样性和表率性等特征,能够启发管理者和被管理者的积极自觉性,从而使管理者与被管理者都自觉遵守管理制度,按规章制度开展或配合管理工作,这也有利于发挥管理的教育作用。

在篮球运动训练管理中采用宣传教育管理方法,有利于调动运动员的训练积极性,培养运动员的道德素质和思想作风,并强化运动员的规则意识,规范运动员的行为举止,促进运动员全面发展。

（三）经济管理

经济管理法是指依据市场经济规律,采用经济手段对不同经济主体之间的利益关系进行调节,从而达到理想管理效果的方法。经济手段有宏观和微观两种类型,前者包括税收、价格、信贷等,后者包括工资、经济合同、奖金等。

在市场经济条件下,经济管理法在运动训练管理领域的重要性越来越突出,越来越受管理者的重视。在篮球运动训练管理中使用经济管理法时,要先确定是否存在经济利益关系,相关经济主体是否有对物质利益的追求,只有先确定了这两点,才能运用经济管理法,而且管理过程中也要注意各种经济手段的使用限度。例如,利用奖金这一经济手段可以刺激运动员的训练积极性,但设置奖金要有限度,超出限度就可能引起内部矛盾。经济管理法同样有自身的局限性,在实际运用中需要与行政管理法和宣传教育法结合起来使用。

二、篮球运动技能训练系统的全面管理

篮球运动技能训练系统包括体能训练、技术训练、战术训练以及运动心理和运动智能训练,篮球运动技能训练管理包含对这些训练内容的系统与全面管理。下面具体分析各项内容训练中的管理要点。

（一）篮球体能训练管理

1.合理制订训练计划

在体能训练中,提前制订训练计划,能够为训练工作的开展和训练目标的实现提供方向指引和理论支持,能够使训练过程更顺利,因此教

练员必须加强这方面的管理,合理安排并能实施体能训练计划。在计划制订中,要以运动员体能现状诊断结果和体能训练目标为依据,确保按照计划进行训练,能够改善运动员的体能现状。

篮球教练员可以按照时间跨度制订体能训练计划,如多年体能训练计划、年度体能训练计划等;也可以结合其他竞技能力要素制订训练计划。篮球体能训练计划中应包含以下内容。

（1）诊断运动员初始体能状态。

（2）明确体能训练目标。

（3）划分体能训练阶段,明确各阶段的任务。

（4）作出体能训练负荷调整的规划。

（5）安排体能训练方法和手段。

（6）设计体能训练效果评价标准及方式等。

2. 重视运动处方的制定

在篮球体能训练中,制定运动处方至关重要,良好的运动处方能有效改善运动员的身体状态,提高运动员的身体素质和综合运动能力,同时还能保障体能训练的安全性,防止运动员受伤。鉴于此,篮球教练员在体能训练管理中必须重视对运动处方的制定与实施,制定运动处方包括健康调查与评价、运动试验、体质测试及制定处方等环节,其中制定处方是核心环节,运动处方应包括训练内容、训练时间、训练强度、训练密度、注意事项等内容。在处方制定中,需注意以下几点。

（1）做好身体检查和准备活动。

（2）科学确定处方的运动负荷。

（3）督促运动员执行规定的要求。

（4）指导运动员定期复查身体和测定体力等。

（5）定期进行体能训练效果测评。

3. 消除疲劳,促进恢复

篮球运动员在体能训练中常常会出现运动疲劳,对此,教练员必须加强安全管理,避免运动员因过度疲劳而影响身体健康。消除运动疲劳的方法主要有整理活动、按摩、理疗、温水浴、睡眠、补充营养、中医药调理方法等,根据疲劳程度及症状合理选用或综合运用这些方法,快速而有效地消除疲劳,使运动员恢复正常体力,为下一次训练打好基础。

(二)篮球技术训练管理

1.正确处理特长技术与全面技术的关系

在篮球运动员技术能力训练中,应将特长技术与全面技术结合起来进行全方位训练,以发挥运动员的特长与优势,并提高运动员的全面作战能力。

2.加强技术创新

创新是事物发展的不竭动力,篮球技术的发展、篮球运动员技术水平的提高都离不开创新,因此在篮球技术能力训练中,必须加强技术创新和训练方法创新,进而促进战术创新和运动员核心技能的提升。

(三)篮球战术训练管理

1.按攻防系统进行训练

在篮球战术能力训练中,要按进攻系统或防守系统进行科学训练,以提高训练实效。在个人战术训练中,要重视衔接技术的训练,尤其是移动步法和重心转换,重点训练不同重心变化条件下的各种步法(交叉步、后退步、滑步、并步等)。在集体战术训练中,以完成战术所需的技术串联作为主要训练内容,高质量的技术串联是形成局部与整体战术的基础,必须加强这方面的训练。总之,在篮球战术能力训练中,要将衔接技术、技术串联作为重点训练内容。

2. 加强战术组合

现代篮球比赛越来越激烈,篮球战术呈现出"复合化"发展趋向,战术的复合化以战术组合为主,在比赛中将两个或两个以上的相关战术组合起来成套运用,以达到出奇制胜的目的。篮球运动员灵活组合战术及运用组合战术的能力也成为评价运动员专项素质的一个重要指标。因此,在篮球战术训练中要重视培养运动员的战术组合能力及运用能力,教练员要加强这方面的引导与管理。

(四)篮球运动心理训练管理

运动心理与运动素质、运动技战术等竞技能力因素密不可分,它们之间相互影响,训练效果相互制约,因此在篮球运动心理训练中,除了要进行专门的心理训练外,还应与这些竞技要素有机结合进行综合训练。

1. 与体能训练相结合

现代篮球比赛的竞争越来越激烈,运动员保持良好的心理素质有助于其在对抗激烈的比赛中发挥正常实力。这就需要对运动员的良好心理品质与素质进行培养,而体能训练是一种非常有效的心理素质培养方法,在体能训练中能够锻炼与增强运动员的意志品质。

2. 与技术训练相结合

技术训练是篮球运动训练的主要内容,在篮球训练的各个阶段都不能忽视技术训练。篮球运动员在技术训练中也能培养思维能力和创造力,促进心理素质水平的提高。因此,通常会将技术训练与心理训练结合起来进行。

3. 与战术训练相结合

篮球战术训练的过程本身就涉及某些心理素质的训练,如思维训练、意识训练等。将战术训练和心理训练充分结合有利于促进运动员战术意识和合作能力的增强。

(五)篮球运动智能训练管理

1. 培养运动员的质疑精神与思考能力

长期以来,学界对运动训练的研究从未停止,一直寻求运动训练的真谛,而且这个探究过程是永无止境的,运动训练还有很多的奥秘需要继续探索。因此,在运动智能训练中培养运动员的探究意识与思维能力非常重要,进行这方面的训练时可采用生疑提问法,具体实施过程中需要将团队的智力资源充分利用起来。

目前,篮球运动训练中还有许多问题尚待解决,运动员积极询问和探索有利于找到解决问题的有效方法。面对运动员的询问或质疑,如果教练员无法回答,可向科研人员寻求帮助,共同探讨,而不要打击运动员的好奇心和积极性,否则不利于培养运动员的思维能力。总之,教练员要对运动员主动质疑的态度和积极思考的精神大力提倡,并积极帮助与引导。

2. 开发训练软件

为了进一步提高篮球运动员的智力水平,可以在智力训练中适当借助一些训练软件,尤其是具有智力游戏特征、互动性的新软件。在训练软件开发方面,国外已有成功的案例,德国、英国发明了许多逼真的足球战术训练软件,专门用于足球战术训练;美国发明了篮球战术训练软件来支持篮球战术训练。这些软件的运用促进了运动员战术思维能力、运动智力的提高。我国也应主动借鉴国外发明训练软件的经验,针对我国的篮球现状研发训练软件,从而进一步提高我国篮球运动员的专项智力水平和综合竞技能力,促进现代篮球运动的发展。

三、篮球运动技能训练管理的创新——基于云计算的管理系统设计

随着科学技术的不断发展,其与运动训练的渗透度越来越高,将计算机与信息技术引入运动训练,实现训练信息化发展是竞技体育发展的必然趋势。运动训练管理系统涵盖体育学、运动训练学、计算机科学、信息技术学与统计学等相关学科,在现代科技的支持下,深度设计与开发现代化篮球运动训练管理系统,不仅能够提升篮球运动训练水平,还有利于调动篮球运动员、教练员与相关管理者的训练与工作积极性,提升篮球训练的质量。为了最大限度地保障篮球训练数据的资源共享,可以将云计算技术运用于篮球运动训练管理系统的设计中,为提高管理效率提供数据支持。

在篮球运动训练管理中,需采集大量关于运动员体能、运动状态、训练内容、训练强度以及运动量等相关数据,教练员基于大量的数据进行下一步规划与分析,同时依照相关分析结果控制整个篮球训练过程。由于这些数据数量大,而且复杂,因此建议基于云计算对这些数据进行聚类分析,以提升分析效率。

基于云计算设计篮球训练管理系统的整体架构,系统内不同功能以数据信息的形式存在于计算机内。基于云计算的篮球训练管理系统是一个有规模的体系结构,采用 B/S 三层架构进行设计,如图 8-1 所示,由下向上分别为硬件基础设施层、功能层和云服务应用层。该系统具有训练管理自动化功能、训练计划制订功能、运动员训练信息日常管理功能以及训练器材管理功能等多方面的功能。

(一)硬件基础设施层

硬件设施层以云硬件为基础,包括资源服务器群、数据服务器群以及其他服务器群,在服务器上构建对应的资源数据库,为功能层各项功能的实现提供基础保障。

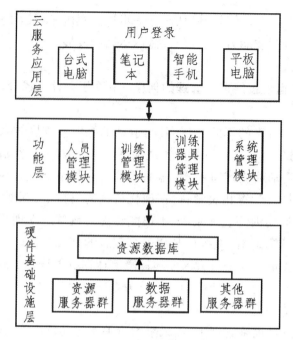

图 8-1　基于云计算的篮球训练管理系统①

（二）功能层

功能层以硬件设施层为基础，可分为下列 4 个具体的模块。

1.人员管理模块

人员管理模块主要用于构建运动员档案信息与训练信息，便于实时查询、修改与统计分析等操作。

2.训练管理模块

训练管理模块中包含训练的人员、内容、场地、规则以及时间等详细的训练信息，基于训练管理信息进行数据分析，判断训练结果，保存详

---

① 　樊云.基于云计算的运动训练管理系统设计 [J].电子设计工程，2022，30（08）：128-132.

细训练结果便于后续统计与查询。

训练管理模块是基于云计算的篮球训练管理系统设计的核心,需从训练结果分析流程着手进行详细设计。训练结果分析流程大致分为图 8-2 所示的 A、B、C 三个层次。

图 8-2 中,A 层为训练计划层,B 层为训练结果层,C 层为分析结果层。实线框内为内部信息,虚线框内为外部信息。

A 层:训练计划层中主要包含运动员训练计划与作息时间安排等信息,可根据比赛时间安排与教练员经验来制订训练计划。

B 层:训练结果层中包括训练过程中提取的训练计划执行情况、各种辅助训练情况、动作完成情况等不同参数。

C 层:分析结果层是从训练结果中提取相关参数,利用数学方法对不同参数进行初步分析,确定参数之间的相关性。同时,基于初步分析结果对不同参数实施进一步分析,以此研究科学的训练方法,提升运动员的训练效率和专项水平。

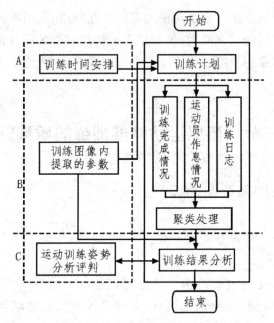

图 8-2 训练结果分析流程 [①]

---

① 樊云.基于云计算的运动训练管理系统设计 [J].电子设计工程,2022,30
（08）：128-132.

3.训练器具管理模块

训练器具管理模块主要负责训练器具的借用时间、借用人员以及使用规范等信息的查询、统计与管理。

4.系统管理模块

系统管理模块的主要功能是管理系统使用者的相关数据,使用者使用正确的账号与密码登录系统,根据账号的相应权限应用系统功能。系统管理员要不断完善数据库与系统功能,提升系统的可扩展性。

(三)云服务应用层

云服务应用层作为系统与使用者的交互通道,利用不同形式提升使用者与系统之间的交互能力,使使用者发挥能动性的同时也使系统的价值得到最大程度的发挥。

第三节　篮球运动技能训练的质量监控

一、运动训练质量监控概论

(一)运动训练质量监控的概念

运动训练质量主要是指专项运动训练工程质量,包括专项训练决策、专项训练规划、专项训练设计、专项训练实施和专项训练监控等方面的质量。运动训练质量监控是为了保证达到规定的质量标准而采取的一系列监控措施、手段和方法。运动训练质量的标准是运动训练质量监控的依据。运动训练质量标准是指那些训练计划、训练指标、训练方法手段、负荷安排等内容质量标准的综合体。

（二）运动训练质量监控的任务

运动训练过程中需要专职教练负责质量监控，教练员负责的监控质量主要是内部质量监控，是对运动员训练过程和效果的监控。教练员的主要监控职责包括如下。

第一，根据训练计划、训练教案等提出训练任务、训练目标、训练负荷、训练手段和训练组织等方面的质量检查标准。

第二，对训练课进行质量监控，记录实际训练状况，及时进行统计小结。

二、篮球运动技能训练质量监控方法

篮球运动技能训练质量监控包括阶段性质量监控、小周期质量监控以及训练课质量监控，具体分析如下。

（一）阶段性质量监控

阶段性质量监控，主要是根据年度训练计划、周期训练阶段而进行的质量监控。阶段性质量监控的任务是了解周期阶段中运动员竞技能力的发展变化和主要问题，研究并提出下一周期或阶段训练的改进措施。阶段性质量监控有以下两方面的要求。

第一，监控内容要全面。通过阶段性质量监控，发现现实存在的问题，提出改进措施与要求，为下一步挖掘训练潜力、提高训练质量提供科学理论与事实依据。

第二，重视阶段性质量监控的测试工作，强调测试条件的相同性，同时防止测试之前运动负荷对测试结果的影响。只有采用与篮球专项运动性质高度相关，并需要通过承担最大负荷或最大限度动员机体潜力的测试项目和方法，才能对运动员阶段性训练水平做出客观评价。阶段性训练质量必须在比赛的环境下或是类似比赛的条件下进行测试与考核，从而充分、真实地反映训练的实际效果。

（二）小周期质量监控

小周期质量监控中要明确监控任务，清楚监控内容，制订好计划。

小周期质量监控的任务具体有以下几项。

（1）了解前两周训练负荷累积作用的效果。

（2）本周训练过程的基本状况。

（3）检查不同负荷下的训练效果。

（4）确定若干训练课后疲劳累积程度。

（5）观察运动员机体恢复状况。

（6）考察本周各个训练日或不同负荷搭配的效果。

小周期质量监控的内容根据小周期训练任务来确定。根据阶段训练进度的要求，小周期质量监控的内容主要是运动员综合技能中某一方面专项技能的训练情况。教练员需要根据大周期训练计划的要求确定小周期质量监控的监测项目，并要特别注意监测指标内容的关联性和继承性。

（三）训练课质量监控

篮球运动训练质量是一节节训练课质量的集合，训练课质量是构成整个训练质量的最小单元，所以训练课质量监控意义重大。

训练课质量监控主要以原周计划的安排、上次训练课的效果为依据而实施，监控要点包括如下内容。

1. 训练准备

包括教案编写和课前准备两个监控点。

教案编写质量监控内容：根据进度编写教案；任务明确，要求具体、全面；结构完整，重点突出，方法得当，安排合理，写出练习组数、次数、时间、要求；运动负荷设计合理、文字简练、绘图清晰。

课前准备质量监控内容：教练员提前到场检查场地器材，了解环境，注意安全，消除隐患；充分利用现有条件上课，自带教案，以备查看；训练教案应该备有一张空页以便记录实际指标。

2.训练态度

篮球运动训练中,运动员的良好训练态度是教练员创造训练氛围、调动训练激情的条件。训练态度表现为思想积极主动,态度热情耐心,精神十分饱满,严格训练要求,严肃过程管理。

3.训练过程

其包括课的结构、训练组织两个监控点,前者以准备部分的准备活动、基本部分的主体训练内容和结束部分的整理放松活动为主要监控点;后者以组织形式、组织调配、主导和主体作用的发挥作为监控点。

4.训练手段

训练手段是篮球训练课质量监控的重点。篮球运动训练手段具有多样性,在训练过程中动作的规范性、施教的针对性都是通过手段体现的,其中运动员练习的动作规格、动作重难点是主要监控点。

5.训练负荷

在篮球训练实践中,训练负荷是直接影响训练质量的核心要素。因此,训练负荷的合理安排是篮球训练课质量监控的主要内容。训练负荷主要由训练课的练习密度、负荷强度组成。教练员参考医务监督指标监控训练课上的负荷强度和练习密度。

第四节 篮球运动技能训练的医务监督

一、合理补充营养

(一)营养要全面

篮球运动员要全面补充营养,摄入丰富的食物才能保障营养全面,才能使消耗的能量得到有效补充。篮球运动员要依据篮球运动的供能特点合理搭配糖、脂肪、蛋白质三大能源物质的摄入比例，每日饮食中这三大营养素在总能量中所占的比例建议为 55%、25% 和 20%。

（二）营养要合理

篮球运动员在日常生活中要合理补充营养，如多吃应季水果、蔬菜，使运动中产生的酸性代谢产物被体内增加的碱储备缓冲，促进酸碱平衡，预防过度疲劳，促进机体恢复。

篮球运动员还应补充丰富的维生素，以 B 族维生素和维生素 C 为主，此外还要补充丰富的矿物质，如钙、铁等。

（三）营养质量高

篮球运动员补充三大营养素时，要讲求营养质量。例如，运动员应选择容易消化的含糖食物，依靠糖酵解系统和磷酸原系统提供机体所需的能量。再如，在蛋白质的补充中，要选择优质蛋白，并以动物蛋白为主，这对肌肉生长、组织修复有积极促进作用，同时增强肌肉力量，对改善能量代谢也有重要意义。

（四）膳食要平衡

常人每日进餐次数一般为 3 次，篮球运动员每日进餐多于 3 次，但每餐进食量较少，各餐间隔一定时间，各餐食物要营养均衡，既要保证食物的数量、营养搭配能够满足机体所需，又要保证营养素能够被机体很好地吸收，从而为运动员顺利参加训练和比赛提供基础保障。

篮球运动员每日进餐要求可参考图 8-3 所示的金字塔式膳食指南。

二、运动疲劳的恢复

运动疲劳指的是机体生理过程不能维持其机能在一特定水平或各器官不能维持预定的运动强度的现象。在篮球运动技能训练中出现运动疲劳是很正常的现象，但必须及时进行干预，尽早消除疲劳，促进身心机能的恢复。运动疲劳的恢复措施有很多,下面介绍一些比较简便实用的疲劳消除法。

图 8-3 篮球运动员每日膳食指南[①]

（一）基础恢复措施

1. 准备活动

在训练前做好充分的准备活动,可以使疲劳现象出现得晚一些,并能促进训练效果的提升。运动员在正式训练前 30 分钟进入准备活动阶段,准备活动具体由下列几个部分组成。

（1）一般性准备活动:活动内容包括跳绳、慢跑等,时间为 10 分钟左右,通过简单热身,使身体预热,微微出汗。

（2）伸展练习:身体主要肌肉群做静态性伸展练习和被动伸展练习,时间大约 10 分钟。

（3）动态伸展:做原地伸展练习和移动中伸展练习,时间大约 10 分钟。

2. 训练中的恢复方法

在篮球运动技能训练中,运动员可利用间歇时间进行放松练习,在

---

① 张宏杰, 陈钧 . 篮球运动成功训练基础 篮球运动最新体能、营养与恢复训练手册 [M]. 北京: 北京体育大学出版社, 2004.

篮球比赛中可利用暂停、罚球、换人等短暂时间来进行自我恢复,使身体摆脱紧张状态。自我放松与恢复的操作方法如下。

方法一:两脚前后分开,松弛站立,后脚支撑重心,两臂垂于体侧,放松身体各个部位,尤其是运动量大的肌肉,同时配合呼吸调整。

方法二:两腿交替放松地原地走动,重心左右移动,同时调整呼吸,做两三次深呼吸,促进机体供氧状况的改善。

方法三:在比赛替换时采用坐姿休息,双腿伸展于两侧,肩、手放松下垂;在半场休息时采用坐姿、卧姿(半躺)休息均可,在休息时将鞋带解松,放松双脚。

以上方法简单易做,可节省能量消耗,加快疲劳恢复过程。

(二)医学生物学恢复措施

1. 理疗

利用光疗、蜡疗、电疗等作用于身体局部或全身,促进血液循环,加速疲劳消除和机能恢复。此外,新研制的体外反搏装置对消除运动性肌肉疲劳有较好的效果。

2. 吸氧

篮球运动员在训练结束后,可利用高压氧舱,在 2 ~ 2.5 个标准大气压下,吸入高压氧,增加血氧含量,降低血液中二氧化碳浓度,使 pH 酸碱度上升,提高组织氧的储备量,对消除疲劳有显著效果。外出比赛也可携带小氧气瓶。

3. 其他

针灸、气功等医学生物学手段也是消除疲劳和促进恢复的有效手段。对疲劳肌肉进行穴位针刺,全身疲劳可针扎强壮穴足三里,局部疲劳可配合使用间动电疗法。

气功是自我调节、控制的一种疲劳消除方法,有利于消除紧张、调节肌体机能状况,促进恢复。

三、运动损伤的处理

在篮球运动技能训练中,运动员常常因为准备活动不充分、注意力分散、训练环境不佳、动作不规范等原因而发生运动损伤,从而危害身心健康,影响运动训练的正常进行,甚至影响之后的比赛。所以,必须重视对运动损伤的紧急处理和有效预防,这是篮球运动医务监督的关键。下面具体分析篮球运动技能训练中常见运动损伤的处理方法和预防措施。

(一)半月板损伤

半月板在股骨髁和胫骨平台之间,是膝关节重要的静力性稳定装置之一。当膝关节突然做伸屈运动,同时又受到扭转力(如脚和小腿外旋外展、大腿内旋内收、膝内扣)的作用时,其半月板则处于不协调运动中,受到上下两骨的挤压、研磨以及捻转,从而造成内、外半月板的撕裂伤。

例如,运动员转身跳起投篮时,从屈膝、转身到伸膝跳起,若脚步动作稍有不协调或被防守队员冲撞,膝关节半月板就极易发生撕裂。严重的膝关节内侧副韧带断裂也常伴有内侧半月板的撕裂。

1. 处理

膝盖半月板损伤很难立即做出诊断,一般建议参考膝关节韧带损伤的处理方法来进行现场处理,方法为用氯乙烷麻醉伤处及周围,局部进行物理降温,用弹力绷带采用压迫包扎法将伤处包扎好,制动,伤肢抬高,再进行冷敷降温处理。

2. 预防

(1)增强自我保护意识,平时加强这方面的专门训练。
(2)全面进行体能训练,尤其是易伤部位。
(3)训练前后做好热身活动和放松活动。

（4）加强训练过程中的医务监督。

（5）在大强度训练中正确佩戴保护支持带。

（二）踝关节韧带损伤

篮球运动员膝部受伤的概率非常高,踝部受伤概率次于膝部。常见踝部损伤中比较常见和突出的是踝关节外侧韧带损伤。篮球运动员跳起落地,身体失去平衡时容易摔倒,或不小心踩到他人,从而出现踝关节内旋、足跖屈内翻位,导致踝关节韧带损伤,被踩者如果被踩部位是踝关节,也容易出现这一损伤,主要症状表现为踝关节外侧剧烈疼痛,明显肿胀,无法直立行走。

1. 处理

（1）对受伤部位进行降温、加压包扎,防止出血,缓解肿胀,预防后期外踝结缔组织过度增生,同时对后续康复治疗有积极作用。要注意足外侧是压迫包扎中8字形交叉点所在的位置,这能够对踝关节内翻起到积极的预防作用。

（2）使用钢丝托板固定患肢,使受伤的脚保持稍外翻、跖伸位,从而预防继续出血。

（3）将患肢抬高,调节血液循环,以防伤处严重肿胀。

（4）进行局部降温,如用冰袋冷敷患处。

2. 预防

（1）日常训练中加强踝关节的力量训练,做专门的抗阻练习。

（2）在正式训练前做静力性牵拉练习。

（三）股四头肌挫伤

在篮球训练中,运动员大腿受到直接暴力冲击后容易造成股四头肌挫伤。例如,篮球比赛对抗激烈,防守队员用膝盖顶撞正持球做交叉步突破的进攻球员的大腿前外侧,导致进攻球员股四头肌受伤,症状表现为伤处疼痛剧烈、肿胀明显,伤者无法行走。

1. 处理

症状较轻者,现场经过紧急处理后可以继续比赛,处理方法主要是用氯乙烷麻醉降温后,用弹力绷带压迫包扎,或使用保护支持带,这一处理方法有利于控制受伤肌肉出血,防止再次发生损伤,促进恢复。

症状严重者,在经过消毒处理的棉花垫上压迫包扎患处,患者平卧在垫子上,将患肢抬高,用冰袋冰敷,这有利于控制受伤组织出血,缓解肌肉肿胀,促进伤肢血液循环。

2. 预防

伤者痊愈后参加训练和比赛,为预防股四头肌再次受伤,必须采取必要的保护措施,如正确使用保护支持带。运动员要提高安全防范意识,防止被对方球员直接外力的撞击。

(四)肘关节脱位

篮球运动员倒地后前臂下意识的外旋、外展、向后支撑容易导致肘关节脱位,发生率最高的是后脱位。症状主要是患处疼痛,关节出现畸形,肘部无法正常活动。

1. 处理

按 RICE 原则(Rest:制动休息,Ice:冷敷,Compression:固定加压包扎,Elevation:患肢抬高)进行急救处理,建议用托板固定受伤肢体,用三角巾将伤肢挂在胸前,继续局部冷敷。

2. 预防

篮球运动员预防肘关节脱位最重要的方法是提高自我保护意识,

倒地后采用正确的保护性动作来避免受伤,正确的方法是身体向后倒地时,前臂外展、稍微内旋,稍屈肘,向后支撑,稍屈膝,身体着地时两脚迅速用力后蹬,以对手臂倒地时的垂直作用力进行分解,预防肘关节脱位。

（五）跟腱断裂

间接外伤是造成篮球运动员跟腱断裂的常见原因。篮球运动员在激烈的训练或比赛中,从半蹲位准备姿势开始,突然蹬地向上跳起,跟腱承受牵张力作用非常突然,而且承受的作用力较大,因此容易造成跟腱断裂。

1.处理

按 RICE 原则进行急救处理,然后立即送往医院进行治疗。需要注意的是,在固定加压包扎这一环节,建议使用托板将伤足固定,踝关节处于跖屈位,这样跟腱的牵张力就能减轻,防止再次撕裂。

2.预防

（1）定期体检,若患有跟腱腱围炎,要保持高度重视,及时治疗,谨慎使用封闭治疗法。

（2）平时加强易伤部位的力量训练,做必要的抗阻练习,但要避免同一部位长时间做大强度练习。

（3）训练前做 5 分钟的静力性牵拉练习,以跟腱部位为主。

（4）训练后按摩踝根部和小腿三头肌,可以自我按摩,也可以与队友互相按摩。

参考文献

[1] 张秀梅. 篮球运动基本技术教学与训练 [M]. 长春：吉林人民出版社, 2021.

[2] 程冬美. 篮球运动训练理念 [M]. 长春：吉林人民出版社, 2010.

[3] 牟建华, 王洁群, 邵佳颖. 篮球运动训练与竞赛新论 [M]. 长春：吉林大学出版社, 2017.

[4] 马肇国, 范朋琦, 顾信文. 高校篮球运动训练研究 [M]. 北京：现代教育出版社, 2015.

[5] 胡磊, 张超. 篮球运动技战术与体能营养研究 [M]. 成都：西南交通大学出版社, 2018.

[6] 翟欢. 竞技篮球运动训练的控制性结构探讨 [J]. 当代体育科技, 2018, 8（17）：25-26.

[7] 肖春元. 大学体育篮球教学改革研究 [M]. 哈尔滨：黑龙江教育出版社, 2019.

[8] 李志强, 芦军志. 篮球 [M]. 广州：华南理工大学出版社, 2009.

[9] 张宏杰, 陈钧. 篮球运动成功训练基础 [M]. 北京：北京体育大学出版社, 2004.

[10] 陈宏, 任明, 李永亮, 等. 全运会篮球场馆医务室的建设与医疗保障实践 [J]. 中国校医, 2018, 32（06）：461-464.

[11] 杨垣, 蒲亚昆. 篮球教练员竞训指导手册 [M]. 昆明：云南民族出版社, 2007.

[12] 周亚辉, 万发达, 景怀国. 美国大学篮球训练实践探究：理念、特征与启示 [J]. 体育学刊, 2021, 28（05）：132-137.

[13] 王堃, 许雁. 篮球运动员的心理训练研究 [J]. 当代体育科技, 2019, 9（04）：45-46.

[14] 王浩然. 以心理训练为核心的青少年排球运动员创新训练策

略研究 [J]. 青少年体育,2019（09）:100-101.

[15] 张忠秋 . 优秀运动员心理训练实用指南 [M]. 北京 : 人民体育出版社,2007.

[16] 徐伟宏 . 篮球队伍管理与心理训练 [M]. 北京 : 知识产权出版社,2013.

[17] 王峰 . 现代篮球运动的理论研究 [M]. 北京 : 人民日报出版社,2013.

[18] 樊云 . 基于云计算的运动训练管理系统设计 [J]. 电子设计工程,2022,30（08）:128-132.

[19] 明君,郑丽,范锐 . 运动训练管理学 [M]. 哈尔滨 : 哈尔滨地图出版社,2008.

[20] 杨桦,李宗浩,池建 . 运动训练学导论 [M]. 北京 : 北京体育大学出版社,2007.

[21] 张宏杰,陈钧 . 篮球运动成功训练基础 篮球运动最新体能、营养与恢复训练手册 [M]. 北京 : 北京体育大学出版社,2004.

[22] 孙登科 . 运动训练学 [M]. 北京 : 北京体育大学出版社,2006.

[23] 周华 . 篮球战术创新训练研究 [J]. 九江学院学报（自然科学版）,2015,30（01）:107-108+119.

[24] 郭浩淼 . 篮球训练如何进行篮球战术训练 [J]. 文体用品与科技,2021（17）:150-151.

[25] 黄凌云 . 篮球战术意识基本内容及训练研究 [J]. 体育风尚,2020（06）:63.

[26] 曲绍华 . 浅谈篮球教练员应该具备的基本素质 [J]. 当代体育科技,2014,4（27）:131+133.

[27] 薄敏 . 浅析我国普通高校篮球教练员基本素质的构成 [J]. 搏击（武术科学）,2015,12（10）:107-108.

[28] 刘睿 . 篮球教练员临场指挥能力的探讨 [J]. 湛江师范学院学报,2006（03）:113-114.

[29] 王建平 . 浅谈篮球教练员临场指挥的策略 [J]. 宁德师专学报（自然科学版）,2007（03）:256-257+266.

[30] 曾灿文 . 论篮球教练员的临场指挥技巧 [J]. 宁德师专学报（自然科学版）,2009,21（03）:241-243+251.

[31] 杨垣,蒲亚昆 . 篮球教练员竞训指导手册 [M]. 昆明 : 云南民族

出版社,2007.

[32] 杜秀磊.篮球运动体能训练理念创新研究 [J]. 当代体育科技,2016,6（20）：19+21.

[33] 王凯.篮球运动体能训练理念创新 [J]. 体育风尚,2021（01）：38-39.

[34] 肖熙,刘云求.浅析篮球运动员体能训练创新 [J]. 运动,2011（08）：43-44.

[35] 刘钦龙.运动训练创新理论研究 [D]. 北京：北京体育大学,2007.

[36] 姜元魁.论系统论视角下的篮球运动基本规律 [D]. 济南：山东师范大学,2003.

[37] 游贵兵.基于系统论视野下的现代排球运动战术理论研究 [D]. 济南：山东大学,2012.

[38] 刘小莲,姜元魁,江明世.论系统论视角下的篮球运动基本规律 [J]. 山东体育学院学报,2005（05）：97-98+101.

[39] 卢聚贤.从系统论"整体观"视角探讨竞技体育后备人才培养新途径 [J]. 当代体育科技,2021,11（12）：201-204.

[40] 胡亦海.竞技运动训练理论与方法 [M]. 武汉：湖北人民出版社,2005.

[41] 黄恩洪.运动训练的创新发展研究 [J]. 赤峰学院学报(科学教育版),2011,3（12）：115-117.